Marcel Reich-Ranicki

Für alle Fragen offen

Marcel Reich-Ranicki

Für alle Fragen offen

Antworten
zur Weltliteratur

Deutsche Verlags-Anstalt

Inhaltsverzeichnis

1

Er war nicht unbegabt, der Gentleman aus Stratford

Fragen zu den ganz Großen, die mich ins Schwärmen geraten lassen

Was halten Sie von Gustave Flaubert und *Madame Bovary*?

Gustave Flaubert war beides – ein Poet und ein Protokollant, ein Romantiker und ein Realist, ein Visionär und ein Berichterstatter, stets leidenschaftlich und pedantisch zugleich. Er war Frankreichs sachlichster Dichter und zärtlichster Chronist, wahrscheinlich der neben den Russen Tolstoi und Dostojewski größte Prosaschriftsteller des neunzehnten Jahrhunderts. Sein Hauptwerk, der Roman *Madame Bovary*, hat längst die Grenzen gesprengt: Er wurde in alle Sprachen der zivilisierten Welt übersetzt, man hat ihn mehrfach verfilmt und auch vertont und für die Bühne bearbeitet. Und natürlich wurde er zahllose Male kommentiert.

Woran geht eigentlich Emma Bovary, deren Geschichte Flaubert erzählt, zugrunde? An der unglücklichen Ehe mit einem biederen und langweiligen Landarzt? An ihrer borniertien, kleinbürgerlichen Umgebung? An der Monotonie des Alltags in einem französischen Provinznest? An dem Konflikt zwischen Traum und Leben, zwischen Phantasie und Realität, also an der Scheinwelt, in der sie Zuflucht sucht? Sind es die überspannten Wünsche und die romantischen Vorstellungen, die ihr zum Verhängnis werden? Oder scheitert sie an der Liebe, genauer: an der Sehnsucht nach Liebe?

So viele Fragen es auch sind, die der Roman aufwirft – die Zahl der Antworten ist ungleich größer. Denn jeder Leser versteht diese Geschichte auf seine Weise. Millionen haben sich in ihr wiedergefunden – vielleicht deshalb, weil wir hier von einem Menschen hören, dem kein Preis zu hoch war, um zu leben, statt zu vegetieren.

Es gibt nicht viele Romane, von denen man sagen kann: Wer sie nicht gelesen hat, sollte wissen, dass er keine Ahnung hat, was die Weltliteratur leisten kann. *Madame Bovary* ist ein solcher Roman.

Welche Stellung nimmt Ihrer Meinung
nach Vladimir Nabokov in der Literatur
ein, und welches ist sein bedeutendster Roman?

Ich bewundere, ich liebe den Russen Vladimir Nabokov, der 1899 in Sankt Petersburg
geboren wurde, in England studierte, dann
einige Jahre in Berlin lebte, sich 1940 in den
Vereinigten Staaten niederließ und die letzten
Jahre seines Lebens in Montreux verbrachte,
wo er 1977 verstarb.

Er schrieb zunächst in russischer, dann in
englischer Sprache. Keiner Schule, keiner
Richtung und keiner Gruppe zugehörig, war
und ist er einer der größten amerikanischen
Schriftsteller seiner Epoche und einer der originellsten Außenseiter der Weltliteratur.

Seine Figuren charakterisiert Nabokov zu-
rückhaltend und dennoch deutlich. Er ist zu
diskret, um die leidenden Menschen, die er
auftreten lässt, in ein rücksichtslos helles Licht
zu tauchen: Er gönnt ihnen das barmherzige
Halbdunkel.

In *Maschenka*, seinem ersten Roman aus
dem Jahre 1926, erinnert sich ein reifer
Mann an eine weit zurückliegende Liebes-

geschichte, als er und seine Freundin so jung waren wie Romeo und Julia, also Halbwüchsige. Sie suchen sich gegenseitig, und sie meiden sich gegenseitig. Sie gehen spazieren, sie unterhalten sich über dies und jenes. Er streichelt sie, er küsst sie, er knöpft ihr die Bluse auf. Sie führen stundenlange Telefongespräche.

Dann liegen sie irgendwo in einem Petersburger Park auf dem Boden, und sie sagt ihm einen Satz, den sie wohl in einem Roman gelesen hat: »Ich bin dein, tu mit mir, was du willst.« Jetzt, da endlich der ersehnte Augenblick gekommen ist, da versagt er, da muss er sie enttäuschen. Eine sehr banale Geschichte, und doch: eine herrliche Geschichte.

Manche unserer Erzähler meinen, es komme, wenn man eine erotische Beziehung zeigen möchte, vor allem darauf an zu schildern, wie sich zwei Menschen miteinander beschäftigen – im Bett oder vielleicht unter den Linden auf der Heide. Aber ungleich schwerer und vielleicht auch ergiebiger ist es, die erotische Spannung zwischen zwei Individuen erkennbar zu machen, die sich, beispielsweise, am Kaffeehaustisch gegenübersitzen oder in der Straßenbahn.

Nabokov ist einer der größten Erotiker des zwanzigsten Jahrhunderts nicht etwa deshalb, weil er sexuelle Vorgänge glänzend beschreiben kann, sondern weil er uns alle Schattierungen und Grade der Zuneigung eines Menschen zu einem anderen sehen und spüren lässt und natürlich auch alle des sexuellen Interesses an einer anderen Person.

Auf der Diskussion über *Lolita* lastete ziemlich lange die Frage, ob das Buch pornographisch oder etwa hochmoralisch sei. Das scheint uns heute absurd: Es gibt hier keinen einzigen Satz, der den Roman auch nur in die Nähe der Pornographie rücken würde. Mit dieser Diskussion in den sechziger Jahren hängt es wohl auch zusammen, dass man sich häufig bemüht hat, *Lolita* in der Tradition der klassischen erotischen Literatur zu sehen. Tatsächlich steht im Mittelpunkt des Romans das uralte Motiv der heimlichen Liebesbeziehung: Sie muss geheim gehalten werden, weil sie mit den herrschenden sittlichen Auffassungen und Prinzipien nicht in Einklang zu bringen ist, ja, ihnen auf provozierende Weise widerspricht. Also: Leander und die Priesterin Hero, Tristan und Isolde, Anna Karenina und Wronski. Und hier: Humbert Humbert und Lolita.

Die Konstellation ist einfach: Ein reifer Mann verfällt einem zwölfjährigen Mädchen und heiratet, um diesem Mädchen stets nahe zu sein, dessen Mutter. Immer wieder versucht dieser Mann zu beschreiben, was ihn an dem kleinen Dämon mit der Grazie eines Kobolds fasziniert und entwaffnet: Es ist die sinnliche, rein körperliche Attraktivität Lolitas. Sie versetzt ihn in einen Zustand der Erregung, der an Wahnsinn grenzt.

Das zentrale Thema des Romans ist die sexuelle Hörigkeit, demonstriert an einem pathologisch-exzentrischen Beispiel. Aber er vergreift sich an dem Mädchen nicht: Nicht er verführt Lolita, sondern sie verführt ihn. Nicht sie ist ihm ausgeliefert, sondern er ihr. Das Mädchen ahnt nicht einmal, was das Wort »Liebe« bedeutet.

Wo aber nur eine Person liebt, lässt sich schwerlich von einer Liebesgeschichte reden. Nein, nicht eine Liebesgeschichte wird hier erzählt, wohl aber die Geschichte einer Liebe. So leuchtet es denn ein, dass am Ende sie ihn verlässt und nicht umgekehrt. Daher kann *Lolita* nicht als eine moderne Version des klassischen erotischen Romans verstanden werden, das Buch ist vielmehr dessen virtuose Parodie.

Die schriftstellerische Kunst, der diese Liebe höchste Anschaulichkeit verdankt, bezieht ihre Überredungskraft vor allem aus der Wahrnehmung und Beschreibung von Details. Gab es nach Marcel Proust einen Erzähler, der den Requisiten des Alltags, der den Nuancen und Winzigkeiten jeglicher Art so viel Leben und Expressivität abgewonnen hätte? Die Feder Nabokovs wird scheinbar mühelos dem Sinnlichen ebenso gerecht wie der Emotionalität, der Wollust ebenso wie der Zärtlichkeit. Ihm gelingt, worum sich die Epiker seit Homer bemühen – das Unglaubhafte zu beglaubigen.

War Heinrich von Kleist ein politischer Schriftsteller?

Heinrich von Kleist? Unser Kleist? Das preußische Genie? Ein zeitkritischer, ein politischer Schriftsteller war Kleist beinahe von Anfang an. Er sprach immer von seinem Vaterland und seinen Zeitgenossen und, natürlich, von sich selbst.

Spielt der *Zerbrochene Krug* in einem niederländischen oder eher in einem brandenburgischen Dorf? Geht es im *Michael Kohlhaas* um Verhältnisse im sechzehnten oder im beginnenden neunzehnten Jahrhundert? Dass die *Herrmannsschlacht* auf die aktuelle politische Situation bezogen werden müsse, hat Kleist selbst mit Nachdruck gesagt. Und ich kann den Verdacht nicht loswerden, dass die Amazonen in der *Penthesilea* preußischer Herkunft sind.

Ich weiß schon: Derartiges gilt für andere Poeten ebenfalls. Nicht in einem italienischen, sondern in einem deutschen Kleinstaat nimmt das Schicksal der Emilia Galotti seinen Lauf. Wo liegt das Lustschloss, in dem sich die Helden des *Torquato Tasso* amüsieren – in der Nähe von Ferrara oder von Weimar? Dennoch:

Keiner der großen deutschen Dichter war an der politischen Lenkung seiner Landsleute so brennend interessiert wie Kleist, keiner ging so weit wie der Mann, der immer und überall gescheitert war – in der Armee und im zivilen Leben, in der Liebe und in der Literatur.

Ein Außenseiter, ein Ausgestoßener, ein Paria war es, der sich und seine Gefährtin am Kleinen Wannsee erschossen hat – nicht ein Liebender. Man hat gesagt, Kleist und Henriette gingen nicht in den Tod, weil sie sich liebten, vielmehr liebten sie sich, weil sie zusammen sterben wollten. Das ist schön ausgedrückt, nur nicht ganz richtig, weil dieses Bonmot die Beziehung der beiden auf dem Umweg über ihre Todeswilligkeit letztlich doch erotisch verbrämt.

Als die Marquise von O. und der Rosshändler Michael Kohlhaas ihre Welt und Kleists Publikum auf ungeheuerliche Weise provozierten, als Jupiter, der Allmächtige, Alkmene verhörte und ihr gestehen musste, dass ohne Liebe auch der Olymp öde ist, als Friedrich Wetter, Graf vom Strahl, unter einem Holunderbusch das schlafende Käthchen umarmte – da bildeten der Sinn und die Sprache eine Einheit, so makellos und vollkommen wie in jener Zeit nur noch bei Goethe, bei Hölderlin.

Jedoch: Wer damals beim preußischen Hof ein Drama einreichte, dessen Held, ein preußischer Prinz und General, zusammenbricht, bei zwei Frauen um Gnade bettelt, nichts anderes als leben will und noch lauthals verkündet, er frage nicht, ob dies rühmlich sei – wer allen Ernstes glauben konnte, er werde sich nun der Gunst dieses Hofes erfreuen, dem war in Preußen nicht zu helfen.

Heinrich von Kleist war ein Genie und ein Narr zugleich – und vielleicht hätte er das eine nicht ohne das andere sein können.

Es ist bekannt, dass Sie eine Vorliebe
für die Dramen von Shakespeare haben.
Welche dieser Dramen würden Sie den
Lesern besonders ans Herz legen?

Die Tragödie des Intellektuellen *(Hamlet)*.
Die schönste Liebestragödie der Weltliteratur
(Romeo und Julia). Das interessanteste politische Drama *(Julius Cäsar)*. Das Lustspiel *Was
ihr wollt*, das ich mehr liebe als den *Sommer-
nachtstraum*. Und warum? Wer sich die Mühe
machen wird, diese Stücke zu lesen, dem wird
an der Beantwortung dieser Frage wohl kaum
gelegen sein.

John Updike wurde ja immer wieder
als möglicher Nobelpreisträger genannt.
Was begeistert an ihm vor allem?

Von John Updikes umfangreichem erzählenden Werk liebe ich vor allem die Geschichten. Sie lassen sich gut lesen und schwer beschreiben. Seine Diktion ist von preziösen
Wendungen und erlesenen, allzu erlesenen
Metaphern nicht ganz frei. Zugleich jedoch
finden sich in seiner Prosa Abschnitte von
betonter Schlichtheit und fast schon kokett-
tes Understatement. Updike liebt sprachliche
Askese nicht weniger als stilistischen Prunk.
Ihm ist viel daran gelegen, die reale Umwelt
seiner Personen anschaulich werden zu lassen.
Aber manche Geschichten kommen fast ohne
Milieuschilderung aus und büßen dennoch
nichts an Qualität ein.

Überdies verbindet Updike die unterschiedlichsten Elemente der Prosa miteinander:
Visionen und Reflexionen, Reportagen
und dramatische Szenen, Anekdotisches und
Philosophisches, kühle Berichte und hoch-
gestimmte Monologe. Bieten also seine Geschichten ein disparates Bild? Es ist gerade
umgekehrt: Nichts charakterisiert sie mehr

als ihre erstaunliche Einheitlichkeit. Nur ist sie jenseits des Handwerklichen, jenseits des Formalen und des Stilistischen zu suchen.

Auf die Frage, wen er im *Don Quijote* porträtieren wollte, soll der sterbende Miguel de Cervantes geantwortet haben: »Mich.« Gustave Flaubert verblüffte die Welt mit dem vielzitierten Bekenntnis: »Emma Bovary – das bin ich.« Updike hat, wenn ich mich nicht irre, keine autobiographischen Schriften veröffentlicht. Gleichwohl sind seine wichtigeren Arbeiten auf direkte und gleichwohl diskrete Weise eben autobiographisch.

Doch wäre es zumindest fahrlässig, irgendeine seiner Figuren mit dem Autor Updike zu verwechseln. Aber sie sind alle Projektionen und Möglichkeiten desselben Ichs, Variationen über dasselbe Thema. Wir haben es mit Bruchstücken eines großen Selbstporträts zu tun.

Was sich in diesen Geschichten abspielt, ist keineswegs sonderlich aufregend und meist vollkommen banal. So alltäglich die Schauplätze der Geschichten (Hörsäle, Studentenbuden, bürgerliche Wohnzimmer, Restaurants) und die skizzierten Situationen und so belanglos die meisten Vorfälle sind, so ernst nimmt sie

Updike. Er behandelt die Geschehnisse nicht als bloße Vorwände für die epische Darstellung: Er erzählt sie um ihrer selbst willen und nicht als Symptome.

Nur sind sie eben doch, ob er will oder nicht, zugleich auch Symptome. Denn was er erzählt, weist über sich selbst hinaus. Es signalisiert unentwegt und trotzdem unaufdringlich etwas sehr Allgemeines. Updike berichtet von gewöhnlichen Ereignissen und kreist dabei immer um ein einziges, das in seiner Sicht gar nicht mehr gewöhnlich, vielmehr ungeheuerlich und unfassbar ist. Es lässt sich noch am ehesten mit einer tautologisch anmutenden Formel beschreiben – um das Erlebnis des Lebens.

Weil er auch und gerade im Beiläufigen und Nebensächlichen stets Manifestationen des Daseins erkennt und ihm alles wie von selbst zum Zeichen gerät, bildet den Kern seiner Geschichten das Motiv der Vergänglichkeit. Damit mag es auch zusammenhängen, dass dieser Erzähler mit besonderer Vorliebe jene beobachtet, deren Existenz ihn offenbar am meisten beglückt und am meisten beunruhigt: kleine Kinder und sehr alte Menschen.

Und weil ihn das Leben fasziniert, ist in seinen Geschichten der Tod, auch wenn er diese Vokabel nur zögernd verwendet, stets gegenwärtig. Zweierlei kann Updikes Held nicht verstehen: dass er wird sterben müssen und dass es unzählige Menschen gibt, die leben können, ohne an den Tod zu denken.

Von einer Falle, aus der es keinen Ausweg gibt, ist in Updikes Roman *Hasenherz* die Rede. Das Elternhaus, die Universität, der Arbeitsplatz, die Liebe, die Ehe, eine Wohnung, ein Hotel, eine zufällige Bekanntschaft – alles kann sich in diesen Prosastücken als Falle erweisen.

Das Individuum fühlt sich umstellt und bedroht, es sieht sich Mächten ausgeliefert, die es letztlich nicht begreifen kann. Das Leben ist schön. Aber es hat keinen Sinn. Wie alle guten Erzähler kurzer Geschichten geht also Updike aufs Ganze.

(Anmerk. der Red.: John Updike starb am 27. Januar 2009.)

Stefan Zweig schreibt in seinem Essay
über Dostojewski: »In die ewige Freistatt
aller Unbefriedigten, das Asyl der Ver-
nachlässigten ist er geflohen, in die bunte
und gefährliche Welt der Bücher.« Sehen
Sie hierzu Parallelen auch in Ihrem eigenen Leben?

In meiner Jugend herrschte in Deutschland
Adolf Hitler. Es ist richtig, dass ich in dieser
Zeit in eine Gegenwelt geflohen bin, in die
Welt der deutschen Literatur und der deut-
schen Musik und in die Welt des Berliner
Theaters.

Dostojewski? Ja, ich habe in jener Zeit viel
von ihm gelesen, vor allem die Romane *Die
Brüder Karamasow*, *Der Idiot* und *Verbrechen und
Strafe*, der damals irrtümlich *Schuld und Sühne*
betitelt war. Seitdem halte ich ihn für einen
der größten Romanciers der Weltliteratur.

Welche Romane Honoré de Balzacs sollte man lesen?

Dieser Balzac, dieser vierschrötige Mann, der aussah wie ein Athlet – er war schon ein Kerl sondergleichen. In seiner Jugend schrieb er Schundromane, die nicht viel Geld brachten, dann versuchte er sich als Verleger und Druckereiunternehmer und scheiterte kläglich. Doch bald entwarf er sein Hauptwerk, einen geradezu gigantischen epischen Kosmos, der aus hundertsiebenunddreißig Romanen bestehen sollte, von denen jedoch nur rund neunzig vollendet wurden. Die *Comédie humaine* (der Titel spielt auf Dantes *Göttliche Komödie* an) sollte das Gesellschaftsbild Frankreichs nach der Revolution von 1789 veranschaulichen.

Es ist schon lange her, dass ich diesen herrlichen Schriftsteller, einen der größten der Weltliteratur, gelesen habe – natürlich nicht alle seine Romane und Erzählungen. Geschildert werden Adlige, Bürger und Kleinbürger, Soldaten, Geistliche, Verbrecher, Beamte, Bauern, Künstler, Huren. Es sind meist leidenschaftliche und skrupellose Menschen, intelligente Schieber, korrupte Politiker und zynische Journalisten. Den Hintergrund bilden verschiedene Städte der französischen Provinz, vor allem aber Paris.

Die Darstellungskunst Honoré de Balzacs ist unvergleichbar. Sie fasziniert die Menschen in allen Ländern der Welt, natürlich auch solche Leser, die von Frankreich nichts wissen wollen, denen Frankreich gleichgültig ist. Aber niemals ist den Lesern der Charakter dieser Figuren gleichgültig, ihre Liebe und Eifersucht, ihr Geiz und ihr Ehrgeiz, ihre Niederlagen und Erfolge. Nichts Menschliches war ihm fremd.

Die Lektüre Balzacs habe ich mit seinem Roman *Verlorene Illusionen* begonnen. Im Mittelpunkt der Handlung stehen Journalisten, Feuilletonisten und Kritiker. Der Held des Romans, der Poet und Journalist Lucien Chardon, kommt aus der Provinz nach Paris, wo er sich Lucien de Rubempré nennt. Übrigens hat sich Balzac ebenso wie der von ihm erfundene Lucien selbst nobilitiert. Als man ihn jedoch darauf aufmerksam machte, dass er gar nicht von der aristokratischen Familie der de Balzac abstamme, soll er knapp geantwortet haben: »Umso trauriger für diese Familie.« Einer der Höhepunkte des Romans ist Luciens Liebe zu der Schauspielerin Coralie.

Ich habe diese Geschichte vor siebzig Jahren gelesen und Coralie nie vergessen. Das weitere Schicksal Luciens und seinen Tod erzählt Balzac in dem Roman *Glanz und Elend der Kurtisanen*, der Fortsetzung der *Verlorenen Illusionen*. Von Oscar Wilde stammt das Wort: »Der Tod des Lucien de Rubempré ist eine der größten Tragödien meines Lebens.«

Einer seiner nach wie vor erfolgreichsten Romane, der auch für die Bühne bearbeitet wurde, ist *Eugénie Grandet*, die Geschichte eines fleißigen und geizigen Kleinbürgers und seiner schönen und empfindsamen Tochter. Gut und genau organisiert Vater Grandet seinen wirtschaftlichen und gesellschaftlichen Aufstieg. Er ist nun ein reicher und mächtiger Mann. Aber seine Rechnung geht doch nicht auf. Denn seiner Tochter Eugénie widerfährt, woran er nie im Leben auch nur gedacht hat – sie verliebt sich.

Den Roman *Vater Goriot* hat man nicht ohne Grund mit Shakespeares *König Lear* verglichen, denn auch Goriot ist von seiner Vaterliebe geblendet und gerät in die Nähe des Wahnsinns. Der Roman *Das Chagrinleder* aus dem Jahre 1831 ist der erste Roman, der Balzac hohe Anerkennung brachte. Goethe warf diesem Roman Extravaganzen vor, bescheinigte jedoch dem Autor einen »ganz vorzüglichen Geist«.

Es gibt kaum einen Roman von Balzac, der nicht von seiner Genialität zeugen würde. Und kaum einen, dem die Nähe zur Hintertreppenliteratur nicht doch ein wenig anzumerken wäre. Trotz dieser Nähe erfreuten sich seine Werke rasch außerordentlicher Beliebtheit. Trotz oder vielleicht gar dank dieser Nähe?

Wie auch immer: In jedem seiner Romane steckt der ganze Balzac – und so ist denn jeder ein Unterhaltungsroman im besten Sinn dieses Begriffs. Noch einmal: Nichts Menschliches, nichts Allzumenschliches war ihm fremd. Lesen Sie Balzac.

Patrick Süskinds *Das Parfum* ist einer
der meistgekauften deutschen Romane.
Schätzen Sie den Autor?

Patrick Süskind schreibt, als habe er nie Kafka gelesen und nie von Joyce gehört. Seine Vorbilder sind eher bei den Romanciers des neunzehnten Jahrhunderts zu suchen, zumal den französischen von Balzac bis Victor Hugo. Einiges mag er auch, bewusst oder unbewusst, von Marcel Proust gelernt haben.

Sicher ist: Um die verschiedenartigen Mittel und Errungenschaften, um die ausgeklügelten Techniken und raffinierten Tricks der modernen Prosa kümmert sich dieser Autor nicht einen Pfifferling. Er verzichtet auf den Inneren Monolog. Den Perspektivwechsel braucht er nicht. Der Vorwurf, er spiele den allwissenden Erzähler und sei somit ein ganz altmodischer Kerl, scheint ihm herzlich gleichgültig zu sein.

Er beginnt die Geschichte seines abstoßenden Helden, eines von der Natur auf schon grausame Weise Benachteiligten, mit dessen Geburt und schließt sie mit dessen Tod. Er berichtet in chronologischer Reihenfolge, ohne Rückblenden. Nie weicht er von seinem Thema ab. Schilderungen, die, wer will, als genüsslich beanstanden mag, fürchtet er so wenig wie kleine, eher makabre Idyllen.

Ich sage nicht, dass man heutzutage so erzählen soll. Aber ich meine, dass man auch heute so erzählen darf – vorausgesetzt, dass man es kann. Und dass moderne Epik zwar nicht unbedingt gut, aber gute stets modern ist – oder es zumindest immer sein sollte. Süskind hat einen ausgeprägten Sinn für den Rhythmus der Sprache, den er oft mit insistierenden und doch nicht störenden Wortwiederholungen erreicht.

Seine Sätze sind niemals schwerfällig, auch wo sie sich zu langen Perioden auswachsen, bleiben sie makellos durchsichtig. Diese Diktion ist geschmeidig und anmutig und dennoch genau: Der verführerische Wohlklang vieler Seiten des *Parfums* geht nicht auf Kosten der Deutlichkeit des Ausdrucks. Mithilfe einer überaus sinnlichen Prosa bietet er uns eine Darstellung von erfreulicher und bisweilen bewundernswerter Anschaulichkeit. Deren einnehmende Musikalität lässt vermuten, dass von allen Sinnesorganen ihres Autors das Ohr am besten entwickelt ist.

Der Mann, dessen Lebensweg hier ausgebreitet wird, verfügt über Fähigkeiten, die er

ebenfalls einem einzigen Sinnesorgan verdankt: der Nase. Dieses ungewöhnlich häss-
liche Geschöpf, diese Missgeburt sondergleichen, will sich rächen. Er, der selbst nach gar
nichts riecht, indes alles riechend aufnimmt,
er, der nicht glauben kann, was sich nicht rie-
chen lässt – er strebt eine Revolution an.

Aber was der Gedemütigte revolutionieren
möchte, ist vorerst nur die Welt der Düfte. Er
tötet unschuldige Mädchen, um sich deren
Duft anzueignen, und stellt aus ihm das Parfum her, das bei den Menschen beliebt macht.
Schließlich wird er gefasst und zum Tode
verurteilt. Doch als er auf dem überfüllten
Hinrichtungsplatz erscheint, da geschieht ein
Wunder: Die geplante Hinrichtung artet zu einem gigantischen Bacchanal aus. Gegen Ende
des Romans ist Süskind eine Apotheose von
mythologischem Rang gelungen, eine gran-
diose Darstellung des Massenwahns, der Ver-
führbarkeit der Menschen, genauer, der kaum
zu begreifenden Wirkung eines widerlichen
und verabscheuungswürdigen Verbrechers auf
ein zivilisiertes Volk inmitten Europas. Muss
man noch sagen, welches Ungeheuer Patrick
Süskind meint, auf welches Volk sein Gleichnis vor allem abzielt?

Der feinfühlige und geistreiche, von des Gedankens Blässe angekränkelte und von Skrupeln und Hemmungen gequälte Professor
oder Literat, der im Mittelpunkt aller Romane und Geschichten Saul Bellows steht, ist
ein Jude. Er wird meist mit charakteristischen
jüdischen (und auch als jüdisch geltenden)
Eigentümlichkeiten versehen. Diese stark
betonte Besonderheit der Hauptfiguren Bellows hat den Wirkungsbereich seines Werks
keineswegs eingeschränkt. Im Gegenteil, die
Zugehörigkeit zu einer Minderheit hat die
Allgemeingültigkeit dieser Gestalten vielleicht
noch gesteigert. Denn die Außenseiterposition
der Helden Bellows verändert und verschärft
ihre Reaktion auf die gesellschaftlichen Verhältnisse, auf ihre ganze Umwelt. Die Krise
des heimatlosen jüdischen Intellektuellen ist
eine grelle und daher deutlich (oder auch
überdeutlich) wahrnehmbare Variante eines
Zustandes, der beispielhaft ist für den der Intellektuellen dieser Epoche.

Mit anderen Worten: Diese einsamen Sonderlinge, die aus den jüdischen Vierteln amerikanischer Großstädte kommen, sind weit über das Regionale oder das Nationale hinaus typische Gestalten. Bellow zeigt im Extremen das Exemplarische. Daher haben die Leser der ganzen Welt in den von ihm gezeichneten Porträts amerikanischer Juden sich selber wiedergefunden, die eigenen Konflikte und Komplexe. Den deutschen Lesern erscheint die Comédie humaine Bellows, übrigens eines Bewunderers der deutschen Literatur, niemals fremd oder gar exotisch. Wie sollte sie es auch? Erzählt er doch von Menschen, die, irrend, solang sie streben, erkennen wollen, was die Welt im Innersten zusammenhält. Und deren Weisheit letzter Schluss das Bekenntnis zum Ewigweiblichen ist.

Die Schriftstellerin Sibylle Lewitscharoff
äußerte einmal, man müsse unbedingt
Kafka gelesen haben. Warum ist Franz
Kafka so wichtig?

In seinen Romanen (vor allem im *Prozess*)
und Erzählungen war Franz Kafka seiner
Epoche vorausgeeilt – wie kein anderer seiner Zeitgenossen. Erst Jahrzehnte nach seinem Tod (er starb im Jahre 1924), als sich die
Rolle der Intellektuellen in der Gesellschaft
weitgehend geändert hatte, vermochte man zu
erkennen, dass die zunächst bloß auf eine spe-
zifische Prager Konstellation zu beziehenden
Geschichten vom Schicksal der Ausgestoße-
nen und Angeklagten klassische Parabeln der
Heimatlosigkeit und der Entfremdung sind.
Die von Kafka immer wieder dargestellte
Tragödie der Juden – das Wort »Jude« kommt
übrigens in seinen Romanen nicht vor – wurde später als Extrembeispiel der menschlichen
Existenz verstanden.

Kafka gilt neben Thomas Mann als der bedeutendste deutsche Schriftsteller des zwanzigsten Jahrhunderts. Sein Einfluss auf die
Weltliteratur ist enorm.

Haben Sie Alessandro Manzonis Roman
Die Verlobten gelesen? Und wenn ja – was
denken Sie über dieses Buch?

Alessandro Manzonis Roman *Die Verlobten* gehört zu jenen großen Werken der Weltliteratur, die mir in meiner Jugend entgangen sind.
Erst im Jahre 1952 hat mich Anna Seghers auf
diesen Roman aufmerksam gemacht und von
mir verlangt, dass ich ihn schleunigst lese.

Als wir uns 1952 in Warschau trafen, machte
Anna Seghers auf mich einen widerspruchsvollen Eindruck: Von ihrer Person ging etwas
Betuliches aus – und zugleich etwas Unheimliches. Das hatte mit ihrer Mimik zu tun. Eben
hatte sie freundlich gelächelt – und schon
blickte sie resigniert und vielleicht schwermütig drein. Eben hörte sie mir konzentriert
zu – und schon hatte ich den Verdacht, sie
wäre zerstreut oder abwesend.

Als wir auf *Das siebte Kreuz* zu sprechen
kamen, rühmte ich die novellistische Komposition dieses Romans. Anna Seghers winkte
ab. Was ich da lobe, sei nicht ihr Werk oder
Verdienst. Sie habe die Komposition von
Manzonis Roman *Die Verlobten* übernommen. Sie empfahl mir dringend die Lektüre

dieses Buches. Ich habe ihren Ratschlag noch in derselben Woche befolgt – und keine nennenswerten Analogien gefunden. Die Komposition der *Verlobten* mag mich tief beeindruckt haben, doch die Vorbildfunktion war wohl nur für sie selbst erkennbar.

»Es waren zwei Königskinder, / die hatten einander so lieb, / sie konnten zusammen nicht kommen, / das Wasser war viel zu tief.« Mit dem deutschen Volkslied, das so beginnt, ist der Inhalt der meisten erotischen Geschichten der Weltliteratur bereits angedeutet: Immer hören wir von zwei Menschen, die zusammen sein wollen und nicht zusammen sein können, weil sich die Welt ihrer Liebe widersetzt. Dies ist auch das Thema des Romans *Die Verlobten* von Manzoni, der in den zwanziger Jahren des neunzehnten Jahrhunderts geschrieben wurde.

Die Handlung des Romans spielt in der ersten Hälfte des siebzehnten Jahrhunderts in der Lombardei. Also ein historischer Roman? Gewiss, der farbenprächtig und anschaulich dargestellte Hintergrund ist historisch. Aber erzählt wird vor allem die so schlichte wie aufregende Geschichte zweier junger und armer Dorfbewohner, die sich lieben und schon verlobt sind und die dennoch nicht glücklich sein können. Es sind die Menschen ihrer Umgebung, die aus verschiedenen Gründen ihr Zusammenleben verhindern wollen und lange Zeit hindurch auch verhindern.

Wie immer der Roman *Die Verlobten* beurteilt wurde, er galt sofort als ein innovatives, ein bahnbrechendes Werk. Doch worin besteht das Neuartige, das die Weltliteratur Manzoni zu verdanken hat?

Es sei nur einer der Faktoren genannt: Manzoni war ein Meister der Psychologie, und dies lange bevor es die Psychologie als moderne Wissenschaft überhaupt gab. Er hat in den *Verlobten* eine Fülle glänzender Porträts geschaffen, die oft nachgeahmt und im Grunde nie übertroffen wurden. Er hat vor allem gezeigt, wie man in einem Roman Schicksale einzelner Menschen mit dem historischen, genauer: mit dem zeitgeschichtlichen Hintergrund verflechten kann.

Wenn sich aus der Geschichte der beiden jungen Menschen, die sich in der Welt um Mailand behaupten wollen, eine Moral ergibt, dann ist es die denkbar schlichteste. Sie lautet: Schlecht und verwerflich ist eine Welt, die die

Liebe nicht duldet, ja sie sogar zu bekämpfen versucht.

Giuseppe Verdi meinte, dieser Roman seines Landsmanns sei »ein Trost für die Menschheit«. Und ein Deutscher glaubte, dass der Roman des Italieners »alles überflügelt, was wir in dieser Art kennen«. So wurde Manzonis Buch von einem gerühmt, der niemals leichtfertig lobte – von Goethe.

Ich habe Anna Seghers allerlei zu verdanken. Dazu gehört mit Sicherheit auch die nachdrückliche Empfehlung des Romans *Die Verlobten* von Alessandro Manzoni.

Werden Sie mir zustimmen, dass in den
letzten zehn Jahren in der deutschen
Literatur kein Schelmenroman entstanden ist, der einem Vergleich mit Thomas
Manns *Felix Krull* standhält? Wenn ja,
warum ist das so?

Ja, das ist schon richtig, nur ist die Einschränkung auf den Begriff »Schelmenroman« nicht
nötig. Denn es gibt seit Thomas Manns Tod
im Jahre 1955 keinen einzigen Roman, der
mit den seinigen verglichen werden könnte.
Warum? Das möchte ich auch wissen. Vielleicht genügt vorerst die simple Antwort,
dass Genies überall sehr selten zu haben sind.
Leider.

Was ist das Besondere an Thomas Bernhards Roman *Holzfällen,* und wo liegt die Bedeutung des Autors für unsere Zeit?

Der große Österreicher Thomas Bernhard, der 1989 im Alter von achtundfünfzig Jahren gestorben ist, war unheilbar krank. Er konnte nur mit seiner Krankheit oder gegen sie leben, also angesichts des Todes oder gegen den Tod.

Er konnte nicht existieren, ohne zu schreiben; und er wollte nicht schreiben, ohne sich gegen das Elend seiner und unserer Existenz zu empören. Aber zunächst einmal zeichnen sich Bernhards Romane, Erzählungen und Theaterstücke durch ihre schroffe, ihre hochmütige Unvollkommenheit aus. Die Vorstellung, es sei seine Aufgabe, etwas Perfektes zu liefern oder auch nur anzustreben, hätte er mit Sicherheit als absurde Zumutung empfunden oder gar als Unverschämtheit zurückgewiesen. Seine Theaterstücke bestehen aus Monologen, seine Geschichten sind Romanfragmente, seine Romane erweisen sich als lange Erzählungen. Und allesamt sind sie Bruchstücke einer einzigen Rebellion.

In allem, was er publizierte, manifestiert sich seine Selbstverteidigung. Darüber hinaus verfolgen diese Arbeiten keine Absicht, sie haben kein Ziel und keinen Zweck, sie entspringen keiner Idee und keinem Programm. Bernhard wollte nichts verändern, er gehörte nicht zu den Aufklärern, er war kein Weltverbesserer. Den Gedanken, der Mensch sei erziehbar, hielt er bestenfalls für läppisch. In seinem letzten, erst posthum veröffentlichten Interview sagte er knapp: »Ich glaub an gar nichts.« Diese Rebellion war sich selbst genug, sein Werk ist enragiert, doch niemals engagiert.

Es ist eine alte Wahrheit: Im Grunde kennt die Literatur nur zwei große Themen – die Liebe und den Tod. Doch die Liebe vermochte den Schriftsteller Thomas Bernhard nie zu interessieren, er wollte sich nicht mit ihr beschäftigen. Gewiss, er hat seinen Großvater, von dem er betreut und erzogen wurde, geliebt; und auf seine vertrackte Weise liebte er auch viele Jahre lang eine erheblich ältere Frau, die er seinen »Lebensmenschen« nannte – und wiederum handelte es sich um eine Person, von der er betreut wurde. Aber er war ein Nicht-Erotiker, das Sexuelle gab es in seinem Leben kaum oder überhaupt nicht. Er selbst hat dies in einem Fernsehinterview unmissverständlich als eine Folge jener schweren Krankheit gedeutet, an der er als Achtzehnjähriger beinahe gestorben ist.

Er war denn auch, in dieser Hinsicht mit Franz Kafka vergleichbar, kein Dichter der Liebe. Ja, nicht einmal der Sehnsucht nach Liebe, vor der sich Kafka, wie wir aus seinen Briefen an Felice und an Milena wissen, ein Leben lang verzehrte – Bernhard kannte sie nicht, jedenfalls ist sie in seinem Werk nicht zu sehen und nicht zu spüren. Frauen spielen in diesem Kosmos nur eine untergeordnete Rolle, sie sind, zumal in seinen früheren Büchern, verkrüppelte und böswillige Menschen.

Ein Leben also ohne Erotik? Nicht einmal ein Gott konnte und wollte sich damit abfinden. Aus Jupiters Mund (in Kleists *Amphitryon*) kommt die Klage: »Ach Alkmene! Auch der Olymp ist öde ohne Liebe.« Bernhard, der Einsame und Unglückliche, dem das Leben so viel versagt und verweigert hat, der kein Sänger des Mitleids war, vielmehr ein Dichter der Verstörung und der Zerstörung, des Verfalls und des Zerfalls, der Auflösung und der Auslöschung, auch er, der Unbarmherzige und der Unerbittliche, der ohne Grausamkeit nicht auskommen konnte und der bei der Grausamkeit Schutz suchte vor der Welt, auch er war, je älter er wurde, desto mehr auf Herzlichkeit, auf Zuneigung angewiesen.

In seinem Spätwerk ist manch eine Figur in ein milderes und freundlicheres Licht getaucht. Doch sind es in diesen Büchern beinahe immer Männer, die er zärtlich betrachtet und liebevoll zeichnet, in der Regel Künstler und Intellektuelle, die wie er zu den Verdammten und zugleich zu den Auserwählten gehören. In ihnen entdeckt Thomas Bernhard seine Brüder.

Ist nicht die gescheiterte Existenz des Pnin spannender als Vladimir Nabokovs Lolita?

Nicht ich bin berühmt, sagte Vladimir Nabokov, Lolita ist es. Auch in Deutschland, wo man sich mit dem Werk Nabokovs sehr viel Mühe gegeben hat, konnte bloß die skandalumwitterte *Lolita* eine hohe Auflage erzielen, wozu die beiden Verfilmungen – von 1962 und 1997 – wahrscheinlich viel beigetragen haben. Sollte etwa Nabokovs Prosa für die Leser der Unterhaltungsliteratur viel zu anspruchsvoll und für die anspruchsvollen Leser zu unterhaltend sein?

Pnin ist, wie manch ein humoristischer Roman, eine epische Charakterkomödie. Sie bezieht ihre Wirkung meist aus der zentralen Figur, über die sich die Mitmenschen lustig machen. Da beinahe alles von dem Porträt des unheroischen Helden abhängt, verliert die Handlung an Bedeutung. Von höchster Bedeutung ist hingegen der düstere Untergrund der Komödie, der Schatten, der auf ihr liegt. Ein wenig überspitzt: In der Komödie kommt es auf das Tragische an. Eine Komödie ohne Tragik ist wie ein Witz ohne Pointe.

Auch im *Pnin* geschieht wenig und vorwiegend Belangloses. Nabokov zeigt ihn in verschiedenen, doch so gut wie immer alltäglichen Situationen. Sie machen sofort seine Lächerlichkeit erkennbar, aber auch seine Integrität und Würde. Wer ist nun dieser Pnin, der seit 1940 in den Vereinigten Staaten lebt und dort in den fünfziger Jahren des zwanzigsten Jahrhunderts an einem Kleinstadtcollege Russische Sprache und Literatur lehrt?

Er entstammt einer gebildeten, einer offenbar glücklichen Familie. Auch Pnin war zunächst, vermute ich, ein durchaus glücklicher Mensch. Aber die Weltgeschichte wollte es anders. Geboren im Jahre 1898, wie sein Autor in St. Petersburg, wurde er natürlich vom neunzehnten Jahrhundert geprägt. Solange es währte, war ihm das Schicksal günstig – und es dauerte in Russland bis zu jenem Machtwechsel im Herbst 1917, der später von der kommunistischen Propaganda zur größten Revolution der Menschheit erklärt wurde. Er kämpft gegen die Bolschewiken und flieht nach Konstantinopel. Das Exil verschlägt ihn schließlich auf die andere Erdhalbkugel. Es ist eine Wanderung ohne Ende.

Pnin – das ist zunächst einmal ein Roman über die Emigration. Pnin ist ein Geschöpf der Welt, in die er hineingeboren wurde – nur kommt sie ihm abhanden. Seine russische Identität ist sein Glück und sein Verhängnis. Assimilieren kann er sich nicht: Er ist in Amerika, was er schon in Konstantinopel, in Prag und Paris war – ein Ausländer, zur Einsamkeit verurteilt, ein kurioser Fremdling.

Das Exil macht aus ihm einen lebenden Anachronismus: Wie er ein Europäer in Amerika bleibt, so auch ein Kind des neunzehnten Jahrhunderts inmitten des zwanzigsten. Er versucht das Autofahren zu erlernen – mithilfe der *Encyclopedia Americana*, in der er mit wachsendem Interesse Abbildungen von Getrieben und Bremsen studiert. Allerdings schreiben wir das Jahr 1954, die Abbildungen stammen aus dem Jahr 1905.

Also ein zerstreuter Professor? Der Ich-Erzähler bestreitet es: »Die Welt war es, die zerstreut war, und es war Pnins Sache, sie wieder einzurenken.« Gemeint ist jene Formel, auf die Schriftsteller gern zurückgreifen, wenn es darum geht, den leidenden Intellektuellen vor eine ihn überfordernde Aufgabe zu stellen. Es ist unser geliebter Prinz von Dänemark, der, nachdem ihn sein toter Vater in eine heikle Situation gebracht hat, lauthals klagt: »Die Zeit ist aus den Fugen; Schmach und Gram, / Dass ich zur Welt, sie einzurichten, kam!«

Ist Pnin, dieser ständige Versager, ein Opfer der Weltgeschichte? Natürlich kann er die Welt nicht wieder einrenken, was ja auch dem dänischen Prinzen nicht gelungen ist. Indes haben Hamlet und Pnin mehr miteinander gemein, als es zunächst scheinen will. Beide sind sie weltfremde Intellektuelle. Aber Hamlet scheitert an dem Widerspruch zwischen dem Gedanken und der Wirklichkeit. Bei Pnin haben wir denselben Widerspruch, doch taucht er nur noch als Parodie auf.

Dieser Roman kennt keine These und keine Botschaft, von irgendeiner Lösung ganz zu schweigen. Wenn es hier ein zentrales Motiv gibt, dann ist es die Tragödie des Intellektuellen im zwanzigsten Jahrhundert, gezeigt am Beispiel des politischen Emigranten. Aber es widerstrebt Nabokov, Derartiges direkt auszusprechen.

Pnin ist ein Narr aus dem Geschlecht des Fürsten Myschkin, dieses Gütigen, den man nicht davon abbringen konnte, die Menschen zu lieben. Wir kennen ihn aus dem Roman

Der Idiot von Dostojewski, den die lesende Menschheit bewundert und den Nabokov verachtet. Er, Pnin, kommt nicht auf die Idee, jemanden übers Ohr zu hauen.

Aber immer wieder wird er überlistet: Oft ist es seine Intelligenz, die ihm ein Bein stellt. So muss er sich in Amerika mit der Bahn in eine andere Stadt begeben. Er studiert den Fahrplan und findet tatsächlich eine Verbindung, die günstiger ist als die ihm empfohlene. Zwölf Minuten wird er sparen, er ist zufrieden mit sich selbst. Nur ist sein Fahrplan fünf Jahre alt und nicht mehr gültig. Kurz und gut: Professor Pnin befindet sich im falschen Zug. Seit er nicht mehr in Russland lebt, ist unser Hamlet im falschen Zug.

Halten Sie Hans Magnus Enzensberger
für einen guten Lyriker? Oder doch eher
für einen Essayisten, der sich mitunter
ins Gedicht verläuft?

Lassen Sie mich mit einer Anekdote begin-
nen: Die 23. Tagung der Gruppe 47 fand im
Oktober 1961 im Jagdschloss Göhrde in der
Lüneburger Heide statt. Die vorangegangenen
Tagungen dieser wichtigsten und originellsten
deutschen Schriftstellervereinigung nach 1945
hatten ein starkes Echo. Der letzte Preisträger
war 1958 Günter Grass gewesen.

In der Göhrde werde man, wurde gemun-
kelt, wiederum Sensationelles zu hören be-
kommen. Was konnte das sein? Eigentlich nur
irgendeine ganz aus dem Rahmen fallende
Lesung. Ein bekannter Autor, hieß es, sollte
ein Bühnenwerk vortragen, eine Komödie.
Die werde – wie die meisten deutschen Komödien – wahrscheinlich schlecht sein.

Erst an Ort und Stelle erfuhr man, was der
Chef der Gruppe, der glänzende Organisa-
tor Hans Werner Richter, geplant hatte: Der
junge Hans Magnus Enzensberger, der in den
letzten Jahren mit zwei Lyrikbänden (*verteidi-
gung der wölfe* und *landessprache*) schnell aner-

kannt worden war und der dann die deutsche Öffentlichkeit mit einem Essayband (*Einzelheiten*) geradezu verblüffte, jedenfalls beeindruckte, wollte sich vor den strengen Juroren der Gruppe 47 als Dramatiker bewähren.

Es begann sehr merkwürdig: Alle wurden in eine Scheune kommandiert, Enzensberger auf eine kleine Anhöhe gesetzt. Die Zuhörer durften es sich auf dem Heu bequem machen. Nach einer stimmungsvollen Pause ging es los: Enzensberger las langsam und pointiert. Es war sehr still, um nicht zu sagen andächtig. Jedenfalls war es ziemlich feierlich.

Hans Werner Richter beobachtete das Auditorium etwas misstrauisch, zumal den damals noch lebenden Franz Joseph Schneider, der auf einer mitgebrachten Luftmatratze lag. Dieser Schneider war zwar ein schwacher Autor, wurde aber aus zwei Gründen besonders geschätzt: Erstens hatte er Humor, und zweitens vermochte er von Zeit zu Zeit in einer Frankfurter (ich glaube amerikanischen) Werbefirma, in der er arbeitete, etwas Geld für die Gruppe 47 zu organisieren. Richter wusste, dass dieser Schneider oft zu Schabernack aufgelegt war, was, unter uns, den Tagungen der Gruppe nicht schadete.

Plötzlich überraschte uns, schon während der Lesung, ein lauter Knall. Franz Joseph Schneider hatte aus seiner Matratze die Luft rausgelassen. Richter, dem dieser Vorfall nicht unwillkommen war, gab gleichwohl ein herrisches Zeichen, man solle doch wieder ernsthaft sein. Enzensberger nickte dankbar und las weiter.

Alle befürchteten oder erhofften einen Skandal. Plötzlich brach Enzensberger die Lesung ab, ich glaube, mitten im Satz. Er sagte ganz ruhig: »Das hat keinen Zweck. Ich lese schon über eine halbe Stunde. Das soll eine Komödie sein. Aber noch niemand hat gelacht. Machen wir Schluss damit.« Es war wieder ganz still, es war eine Stille des Respekts.

Richter fragte, wer etwas sagen wolle. Es meldete sich Wolfgang Hildesheimer, der mit Enzensberger befreundet war und ruhig erklärte, diese wohl unter dem Einfluss der *Dreigroschenoper* entstandene Komödie sei total missraten. Alles ging normal weiter. Die Komödie wurde nie gedruckt oder gar aufgeführt. Den Titel habe ich vergessen.

Seitdem ist viel Zeit verstrichen. Hans Magnus Enzensberger wird noch manches schreiben, er wird uns noch manch eine

Überraschung bereiten. Doch sein Lebens-
werk lässt sich jetzt überblicken. Knapp und
klar: Ein Dramatiker ist er nicht, ein Romancier ebenfalls nicht.

Doch halte ich ihn für einen guten Lyriker? Hier meine Antwort: für einen der vor-
züglichsten unter den lebenden Dichtern
deutscher Zunge. Und auch als Essayist ist er
einer der besten, der intelligentesten. Ob in
Versen oder in essayistischer Prosa – er ist ein
wunderbarer Stilist mit einem scharfen Blick
für die unterschiedlichsten Phänomene des
Zeitgeistes. Er gehört zu den wenigen Autoren, die die deutsche Literatur nach 1945 zu
prägen imstande waren.

Wie beurteilen Sie den literarischen
Wert von Joseph von Eichendorffs
Aus dem Leben eines Taugenichts?

Aus dem Leben eines Taugenichts gehört zu den
bedeutendsten und schönsten Werken Eichendorffs, ja, der deutschen Romantik. Nur selten wurde das Lebensgefühl der Romantik
so klar und anschaulich wiedergegeben wie
in diesem Prosawerk, in das auch einige der
berühmten Gedichte Eichendorffs aufgenom-
men wurden.

Eichendorff war und ist einer der beliebtes-
ten Dichter in der Geschichte der deutschen
Literatur. In seiner oft volksliedhaften Lyrik ist
der Wortschatz nicht sehr groß, seine Motive
wiederholen sich. Aber der Ton seiner Poesie ist unverwechselbar, die Musikalität ihrer
Sprache immer wieder erstaunlich.

Wie erklären Sie sich den außerordentlichen Erfolg von Ernest Hemingway in
Deutschland?

Ernest Hemingways Technik des Aussparens
und des Auslassens, sein scheinbar simpler und
in Wirklichkeit raffinierter Lakonismus und die
Prägnanz und Präzision seiner Ausdruckswei-
se wurden von den Feinschmeckern zu Recht
bewundert. Aber seine Prosa blieb auch jenem
Publikum verständlich, das eher Trivialliteratur
gewohnt war. Den unbedarften Lesern machte er es leicht, den Anspruchsvollen ersparte
er ästhetische Gewissensbisse. So konnte Hemingway beides zugleich werden: der Thomas
Mann der kleinen Leute und der Karl May
der großen Snobs. Doch in keinem anderen
Land Europas, traf er auf so spontane Gegen-
liebe wie in Deutschland, und zwar sowohl
in den Jahren vor Hitler – die ersten Übersetzungen seiner Bücher waren in deutscher
Sprache erschienen (1928 *Fiesta* und 1929
der Geschichtenband *Männer ohne Frauen*) –
als auch vor allem nach 1945. Worauf ist das
außergewöhnliche Echo zurückzuführen?

Zunächst einmal: Nach verlorenen Krie-
gen liest sich Hemingway gut. Denn er zeigt,

dass sich das Individuum erst in der Niederlage bewähren kann, er feiert die Würde des Gescheiterten, er preist die moralische Überlegenheit des Besiegten. Er verkündet: »Die Welt zerbricht jeden, und nachher sind viele an den zerbrochenen Stellen stark.«

Die urdeutsche Verbindung von Heldentum und Innerlichkeit hat keiner der großen ausländischen Schriftsteller des zwanzigsten Jahrhunderts so schlackenlos und so überzeugend zu bieten gehabt wie Hemingway: Der fluchende Poet und feinfühlende Raufbold sang die alte Weise von Liebe und Tod mit heiserer Stimme, die derb männlich tönte und doch der Zartheit nicht entbehrte.

Überdies konnten die deutschen Leser bei Hemingway wiederfinden, was sie seit ihrer Jugend kannten, zumal jene Ideale, die ihnen ihre Erzieher oft genug als die wichtigsten gepredigt hatten. Seine fremde und bisweilen exotische Welt erwies sich doch als altvertraut. Auch hier wurden Disziplin und Selbstdisziplin verherrlicht, auch hier wurde der Ehrenkodex mit dem Ethos der Pflichterfüllung verbunden. Recht preußisch klingt, was der amerikanische Erzähler mit einer elegischschnoddrigen Diktion schmackhaft machte.

Zugleich kehrten bei Hemingway jene Schiller'schen Moralvorstellungen wieder, die längst zu Büchmann-Zitaten zerronnen waren, doch hier mit verfremdeter Kulisse und in verfremdendem Tonfall eine neue Attraktivität gewannen. Das gilt ebenso für die Rebellion gegen das »tintenklecksende Säkulum« wie für das Loblied auf die Treue (»Sie ist doch kein leerer Wahn«), auf die Einsamkeit der wahren Helden (»Der Starke ist am mächtigsten allein«) und ihre Selbstlosigkeit (»Der brave Mann denkt an sich selbst zuletzt«).

Auch der am häufigsten zitierte Satz aus der Erzählung *Der alte Mann und das Meer* (»Man kann vernichtet werden, aber man darf nicht aufgeben«) findet sich schon bei Schiller. Und haben nicht die meisten Protagonisten Hemingways etwas mit dem edlen, kühnen und enttäuschten Karl Moor gemein, der sich in die Wälder zurückzieht?

Hemingways Abneigung gegen große Worte und seine Vorliebe für den kaltschnäuzigen Ausdruck waren in Deutschland in den Jahren der Neuen Sachlichkeit höchst willkommen und entsprachen nach 1945 erst recht einem allgemeinen Zeitbedürfnis. Diejenigen, die von Politik nichts mehr wissen wollten und von nationaler Phraseologie genug hatten, begrüßten ein Werk, das vollkommen unpolitisch war und keinerlei nationale Tendenzen hatte. Diejenigen, die an die überkommenen Werte nicht mehr glauben wollten, bewunderten Helden, die eine eigene Ethik anstrebten und sich an einen eigenen Ehrenkodex hielten. Diejenigen, die ihre Ideale eingebüßt hatten, fanden bei ihm neue Ideale, die leicht akzeptierbar waren, weil sie den alten sehr ähnelten, nur auf ungleich höherer literarischer Ebene offeriert wurden.

2
Mit der Dummheit kämpfen
Götter selbst vergebens

Fragen, die mich in Rage versetzen

Joachim Ringelnatz wird meist auf seine komischen, seine satirischen Gedichte reduziert. Seine ernsten Texte sind hingegen weitgehend in Vergessenheit geraten. Was halten Sie von Ringelnatz?

Das ist eine ärgerliche Frage. Was soll hier das Verbum »reduziert«? Offenbar soll es andeuten und suggerieren, dass die komischen Gedichte von Ringelnatz schwächer und auf jeden Fall weniger wichtig sind. Wir haben nicht viele Humoristen und Satiriker und können glücklich sein, dass es einen solchen Kerl wie Ringelnatz gegeben hat. In allen ordentlichen Anthologien ist er stark vertreten und natürlich vor allem mit seinen Kabaretttexten, seinen Satiren und Humoresken. Es empfiehlt sich, diese Texte sehr aufmerksam zu lesen – und es wird sich herausstellen, dass sie sehr ernst sind. Man hüte sich, das Heitere, das scheinbar nur Lustige zu unterschätzen.

In Ihren wunderbaren Memoiren *Mein Leben* schreiben Sie so geheimnisvoll wie prickelnd über Ihre Begegnung mit Lilli Palmer. Für die Palmer als Schriftstellerin hingegen finden Sie kein Wort. Was denken Sie über Lilli Palmers Werk?

Bisweilen geht es mir schon auf die Nerven, dass ich mich in dieser Rubrik immer wieder rechtfertigen muss. Ja, in der Tat: Ich habe nicht alle in den letzten sechzig Jahren erschienenen Bücher gelesen, nicht einmal alle wichtigen. Als Filmschauspielerin hat mich Lilli Palmer sehr beeindruckt, unter anderem – um nur ein Beispiel anzuführen – in der *Lotte in Weimar*. Von ihren Büchern kenne ich lediglich ihre Lebenserinnerungen *Dicke Lilli – gutes Kind*. Sie sind vorzüglich.

Warum ist das umfangreiche dichterische
Werk Theodor Kramers in Vergessenheit
geraten?

Wieder ist ein dichterisches Werk angeblich
und natürlich zu Unrecht in Vergessenheit
geraten. Meist stimmen die Klagen und Be-
hauptungen überhaupt nicht – auch in diesem
Fall.

Theodor Kramer, 1897 geboren und 1958
gestorben, ist einer der besten österreichischen
Dichter dieser Epoche. Von Vergessenheit kann
hier nicht die Rede sein. So gibt es seit Jahren
keine Anthologie deutschsprachiger Lyrik, in
der seine Gedichte fehlen würden. Was soll
denn eigentlich geschehen, damit diese hart-
näckige Mär von der Vergessenheit endlich
verstummt?

Sie sind doch mit Sicherheit nicht prüde?
Trotzdem erfährt man in Ihrer Rubrik nie
etwas über so lockere Burschen wie Henry
Miller. Was halten Sie von ihm? Ist das,
was er schrieb, Literatur?

Recht haben Sie: Erstens, ich bin nicht prüde,
zweitens, ich habe nie etwas über Henry Miller publiziert. Und ich werde nie etwas über
seine Bücher schreiben.

Miller, ein amerikanischer Erzähler deutscher Herkunft, lebte von 1891 bis 1980. Die
älteren Buchleser erinnern sich an seine Bücher, die in den sechziger und siebziger Jahren
des vorigen Jahrhunderts viel gelesen wurden,
heute ist er beinahe vergessen. Der Grund seiner außerordentlichen Popularität hat mit dem
in den meisten seiner Romane behandelten
Thema zu tun. Er bietet wie kaum ein anderer
Autor jener Zeit eine freizügige, ausführliche,
detaillierte Darstellung der Sexualität.

Viele Leser waren glücklich, diese anregen-
de Prosa lesen zu können. Der Ruf, es sei Pornographie, schadete diesen Werken überhaupt
nicht. Kurz: Ich habe den *Wendekreis des Kreb-
ses* gelesen und auch noch den *Wendekreis des
Steinbocks*. Das reichte mir. Ich fand in diesen

und noch anderen Romanen Millers wenig mehr als handfeste Sauereien in großer Menge. Manche Kapitel, Reisebeschreibungen zumal, waren gut geschrieben, andere schienen mir ziemlich geschwätzig.

Immerhin fiel mir auf, dass die Sexualität von Miller nie verklärt wurde, nie dämonisiert. Doch seine Sicht, mythisch und mystisch und auch romantisierend, blieb mir ganz fremd. Interessanter als diese Prosa schien mir er selbst.

Wir trafen uns einige Male im Rowohlt Verlag, wo er während seiner Aufenthalte in Hamburg gern Pingpong spielte. Er unterhielt sich mit mir vorwiegend über Literatur. Was er über einige berühmte Schriftsteller (Hamsun, Proust, wohl auch Conrad) sagte, war zwar etwas wirr, aber doch originell. Ich werde nie wieder Miller lesen.

Wären Richard Wagners Texte auch ohne Musik auf der Bühne aufführbar? Wie schätzen Sie ihre literarische Qualität ein?

Erstens: Nein. Zweitens: Wozu sollte man es, um Himmels willen, denn eigentlich tun? Um die Zahl der guten deutschen Opern zu verkleinern und die der schlechten deutschen Stücke zu vergrößern? Natürlich sind Richard Wagners Operntexte von unterschiedlicher Qualität. Ich habe wenig Sympathie für das Libretto des *Lohengrin*, noch weniger für den *Siegfried*, vom *Parsifal* ganz zu schweigen. Die Geschichte des Künstlers zwischen zwei Frauen (der *Tannhäuser* also) hat mich hingegen immer interessiert.

Doch kein Bühnenwerk Wagners fasziniert mich seit meiner Jugend so stark wie die *Meistersinger*. Das ist ein urbanes Märchen und ein poetischer Traum und zugleich eine Oper über die Vermittlung von moderner Kunst und moderner Literatur. Das hat es vor den *Meistersingern* noch nie gegeben: eine Oper, die nicht nur gesellschaftliche Fragen veranschaulicht und erörtert, sondern auch ästhetische – die in der Poesie und in der Polemik einander bedingen und eine Einheit bilden.

Welche Bedeutung messen Sie der tschechischen Literatur bei? Mir ist bekannt, dass Sie Franz Kafka bewundern. Wie beurteilen Sie die Werke von Jaroslav Hašek und Milan Kundera?

Gar keine Frage, dass zumindest mehrere tschechische Schriftsteller in der mitteleuropäischen Literatur eine wichtige Rolle spielen.

Die *Abenteuer des braven Soldaten Schwejk* von Hašek sind eine großartige, vernichtende Satire auf den Militarismus. Von Kunderas Romanen habe ich einige gelesen, am stärksten hat mich *Die unerträgliche Leichtigkeit des Seins* beeindruckt. Dieses geistreiche und witzige Buch fragt nach der Möglichkeit der Liebe in unserer Zeit. Aber was soll eigentlich der Satz, dass ich Kafka bewundere? Das stimmt, aber was hat das mit der tschechischen Literatur zu tun? Der Prager Kafka schrieb in deutscher Sprache, also war er ein deutscher Schriftsteller – genauso wie der Pole Korzeniowski, der in englischer Sprache schrieb, ein englischer Romancier war. In England nannte er sich Joseph Conrad.

Hat Thomas Mann mit der Figur des
Goethe in *Lotte in Weimar* den »echten«
Goethe getroffen, also gut gezeichnet?

Hier gleich meine Antwort: Ich weiß es nicht. Und ich bin sicher, dass niemand imstande ist, diese Frage zu beantworten. Wir alle, die wir Johann Wolfgang von Goethe mehr oder weniger gut kennen, haben ein bestimmtes Bild von seiner Persönlichkeit. Es ist das Ergebnis der (bisweilen jahrzehntelangen) Beschäftigung mit seinen Werken, Briefen, Tagebüchern und Gesprächen und natürlich auch mit unzähligen Arbeiten über ihn.

Jeder hat ein anderes Bild von Goethe – und das ist gut so. Und das gilt für alle Schriftsteller, Komponisten oder Maler, die uns interessiert haben. Niemand kann behaupten, seine Sicht sei die einzig richtige oder authentische – nicht einmal Thomas Mann, der übrigens nie Derartiges für sich in Anspruch genommen hat.

Warum gibt es bei Theodor Fontane immer wieder diesen großen Altersunterschied zwischen Mann und Frau? Phänomen seiner Zeit? Oder Manie des Alters?

Lesen Sie doch bitte den *Faust*, zumal den ersten Teil, und überlegen Sie sich, warum Faust das Gretchen liebt und nicht die Marthe. Und warum hat sich der alte Goethe um die Gunst der kleinen Ulrike von Levetzow bemüht? Übrigens wurde mir mal vertraulich erzählt, dass auch in Bremerhaven, man hätte es nicht geglaubt, gelegentlich ein beträchtlicher Altersunterschied zwischen den Herren und Damen beobachtet wird. Die Menschen sind eben schamlos.

Sind Ihnen neben Frank Wedekind weitere Fälle bekannt, in denen Schriftsteller als Werbetexter arbeiteten? Und verbietet das nicht der Respekt vor der Kunst und dem Wort?

Viele Schriftsteller und auch Maler haben für die Werbung gearbeitet. Viele Komponisten, auch geniale, haben die Musik zu scheußlichen Filmen gemacht. Das ist verständlich. Nur wer nie gehungert hat, wird die Kühnheit haben, dies zu missbilligen. Wer will, werfe einen Stein auf diese Dichter, Maler und Komponisten. Aber einer meiner Vorfahren, es ist lange her, warnte schon vor dem ersten Steinwurf. Er war ein kluger Mann, sein Wort gefällt mir sehr.

Welches ist das schlechteste Buch, das Thomas Mann geschrieben hat? Sein Drama *Fiorenza?* Die Kampfschrift *Friedrich und die große Koalition,* die Novelle *Wälsungenblut?*

Mich interessieren nicht die schlechtesten Arbeiten eines Autors, sondern seine besten. Schwaches und Schlechtes haben alle produziert: Auch Homer hat gelegentlich fest geschlafen, auch Dante hat bisweilen versagt, auch Goethe hat Schlechtes geschrieben, sogar dem großen Peter Handke, seine Bewunderer werden es nicht glauben, ist manches ein klein wenig missraten.

Und Thomas Mann? Auch er war ein Mensch, doch die genannten Arbeiten sind alle drei interessant, wenn auch nicht ganz gelungen.

Was sagen Bestsellerlisten über die
literarische Qualität von Büchern aus?
Gar nichts? Oder setzt sich literarische
Qualität am Ende doch durch?

Bestsellerlisten haben ganz einfache Aufgaben,
die man klar erklären muss. Sie sollen, beispielsweise, die Verkaufserfolge der Autoren
oder Bücher ermitteln. Mit literarischer Qualität hat das rein gar nichts zu tun. Es gibt
wertvolle Bücher, deren Absatz aus verschiedenen Gründen gering ist – vielleicht deshalb,
weil sie für den durchschnittlichen Leser zu
kompliziert sind.

Und es gibt noch viel mehr Bücher, die
trotz oder eventuell wegen ihrer Miserabilität
sehr viele Menschen amüsieren und daher zahl-
reiche Abnehmer finden. Dass sich literarische
Qualität schließlich doch durchsetzen werde,
ist eine naive Hoffnung. Es gibt aber in jeder
Generation unbelehrbare Leser, die daran glauben, dass die gute Literatur stets triumphiere.
Das aber ist nur sehr selten der Fall.

Die Dramen und Romane des Christian
August Vulpius waren ungleich erfolgreicher
als *Die Wahlverwandtschaften*, *Iphigenie auf Tauris* und *Torquato Tasso* seines doch, alles in

allem, nicht so unbegabten Schwagers Goethe, Johann Wolfgang. Die Romane des schrecklichen Autors Hans Habe erreichten ein enormes Publikum, das vielfach größer war als die Leserschaft des *Zauberbergs* von Thomas Mann. Also: Nie wieder eine Frage zu Bestsellerlisten, sonst wird dem Briefschreiber das Abonnement entzogen.

Literatur sollte, so Ihre Aussage, »Vergnügen bereiten« – wäre dafür nicht besonders das Lustspiel zuständig? Durch Shakespeare und Molière in vorzüglicher Weise. Welche Lustspiele in deutscher Sprache erfüllen Ihres Erachtens diesen Anspruch?

Die Behauptung, dass es keine oder nur ganz wenige Lustspiele in deutscher Sprache gebe, ist eine schon mehr als einmal widerlegte Legende. Es langweilt mich, noch einmal *Minna von Barnhelm* und den *Zerbrochenen Krug* aufzuzählen, Grabbes *Scherz, Satire, Ironie und tiefere Bedeutung* und Grillparzers *Weh dem, der lügt!*, Raimunds *Alpenkönig und Menschenfeind* und *Der Verschwender*, Nestroys *Lumpazivagabundus*, *Der Talisman* und *Der Zerrissene*, Hofmannsthals *Der Schwierige*. Reicht das vorerst? Oder muss ich noch an einige Lustspiele und »Volksstücke« beispielsweise von Ödön von Horváth erinnern?

Wahr ist freilich, dass die Zahl der bedeutenden deutschen Tragödien ungleich größer ist als die der Komödien. Das ist in der antiken griechischen Literatur genauso gewesen wie bei Shakespeare. Unser Schiller hat überhaupt keine Komödien geschrieben.

Aber dem Leser ist zugleich ein ganz anderer Irrtum unterlaufen. Offensichtlich meint er, mit dem Vergnügen, das literarische Werke bereiten sollten, sei gute Laune gemeint, Heiterkeit und Fröhlichkeit. Indes sollte das Publikum allen künstlerischen Werken Vergnügen verdanken. Schiller hat sich mit dieser Frage mehrmals beschäftigt, am ausführlichsten in dem Essay *Über den Grund des Vergnügens an tragischen Gegenständen*.

Woran liegt es, dass sich deutsche Schriftsteller kaum noch in die Politik einmischen?
Brauchen wir nicht den kritischen Geist
der Autoren in diesem Land?

Natürlich brauchen wir in diesem Land (wie
in jedem anderen) den kritischen Geist, der
sich in die Politik einmischt. Dass die Autoren
sich in den letzten Jahren in diesen Angele-
genheiten nur noch selten zu Wort meldeten,
hat vermutlich mit ihrer Enttäuschung zu tun.
Viele von ihnen glauben wohl, absolut nichts
erreicht zu haben.

Ich habe gehört, ein Grund dafür, dass
es mit dem deutschen Roman und dem
deutschen Film lange nicht so weit her sei
wie mit dem englischen, amerikanischen,
französischen und italienischen, liege
darin, dass wir keine großen Erzähler zu
unseren geistigen Ahnen zählen dürften,
sondern allenfalls große Dichter. Was
sagen Sie dazu?

Ich bin verblüfft. Deutschland hat keine großen Erzähler? Und Goethe, der Autor des
Werthers und der *Wahlverwandtschaften*? Der
geniale Novellist E. T. A. Hoffmann? Der herrliche Schweizer Gottfried Keller? Die Österreicher Arthur Schnitzler und Joseph Roth?
Thomas Mann, dem wir die *Buddenbrooks* und
den *Zauberberg* verdanken? Und schließlich
der Jahrhundertschriftsteller Franz Kafka?
Sind das keine großen Erzähler, die wir zu
unseren geistigen Ahnen zählen dürfen? Ob
die Voraussetzung, »mit dem deutschen Roman und dem deutschen Film (sei es) lange
nicht so weit her wie mit den Romanen und
Filmen der Engländer, Amerikaner« und so
weiter, stimmt oder nicht – mit den Ahnen
und ihrem Fehlen hat das nichts zu tun.

> Wäre es nicht Zeit für eine »Bibliothek
> vergessener Schriftsteller«? Nötigenfalls
> mit Foto und Namen eines Mäzens
> auf dem Waschzettel, falls kein Verlag
> sich traut?

Meine Antwort lautet knapp: Nein. Lesern, die auf der Suche nach Lektüre sind, empfehle ich Romane von Stendhal, Balzac, Flaubert, Tolstoi, Dostojewski, Turgenjew, Gogol und anderen Autoren des neunzehnten Jahrhunderts, die keinesfalls vergessen sind. Ich empfehle also weltberühmte Bücher, denn kein Schriftsteller ist zufällig weltberühmt geworden. Oder wollen Sie vielleicht lieber ältere deutsche Romane lesen? Kennen Sie den großen Roman *Vor dem Sturm* und den kleinen Roman *Schach von Wuthenow*? Diese beiden Bücher gehören zu den schönsten, die Theodor Fontane geschrieben hat.

Literatur darf bekanntlich alles, nur langweilig darf sie nicht sein. Warum war
die deutsche Literatur vor 1933 – von
Arthur Schnitzler bis Thomas Mann – so
spannend, und warum ist sie nach 1945
so langweilig geworden?

Sie ist nicht langweilig geworden, nur sind
manche Leser dieser Literatur noch nicht gewachsen.

Wie konnte Thomas Mann das sehr umfangreiche und gründlich recherchierte Werk *Joseph und seine Brüder* über Themen der Bibel verfassen? Er war ja meines Wissens nicht das, was man einen religiösen Menschen nennen könnte.
Durch diesen Roman zieht sich die Schilderung des Waltens Gottes auf Erden, über das eigentlich nur ein religiös motivierter Mensch schreiben kann.

Die in dieser Frage enthaltene Behauptung, über die Bibel könne nur ein religiöser Mensch urteilen, überrascht mich, ja, sie entsetzt mich. Die Bibel ist ein großes Werk, von Menschen und für Menschen geschaffen. Die Bibel sollte selbstverständlich kritisch gelesen werden. Wer diese kritische Lektüre der Bibel nur gläubigen Menschen erlauben will, der möchte die Meinungsfreiheit bekämpfen. Den Roman *Joseph und seine Brüder* konnte nur Thomas Mann schreiben, dessen Sicht von keiner Religiosität getrübt oder beschränkt wurde.

Halten Sie Milan Kunderas *Die unerträg-*
liche Leichtigkeit des Seins **für sexistisch?**

Nein, nicht Milan Kunderas Roman ist sexistisch, sondern das Leben in Europa in unserer
Epoche. Was aber viele Menschen für sehr angenehm halten.

3
Wir als Geänderte bleiben

Fragen zu Büchern und Begegnungen,
die mein Leben beeinflusst haben

Gibt es ein Stück von Shakespeare, das
Sie heute als Kritiker »verrissen« hätten?
Welches Werk von Shakespeare hat bis
heute bei Ihnen Spuren hinterlassen?

Die erste Frage verstehe ich nicht. Die Stücke
von Shakespeare, ob mehr oder weniger be-
deutend, sind vor Jahrhunderten, also in einer
ganz anderen Welt entstanden, und sie wurden für ein ganz anderes Publikum verfasst.
Wer heute über diese Werke schreibt, muss das
stets berücksichtigen. Er wird sich dann hüten,
diese Werke, ob sie nun mehr oder weniger
gelungen sind, zu »verreißen«.

Mich jedenfalls haben Shakespeares Dramen schon in meiner frühen Jugend außerordentlich beeindruckt. Jene, die mich damals
beeindruckt haben, liebe und bewundere ich
noch heute – so vor allem *Hamlet*, *Romeo und
Julia*, *Julius Cäsar* und *König Richard III*. Und
noch in den schwächsten seiner Stücke sind
mir Szenen und Figuren aufgefallen, die von
seiner Genialität zeugen.

Ich war dreizehn oder vierzehn Jahre alt
und lebte in Berlin, als ich von einer Tante,
die von meinem Theaterenthusiasmus wusste,
plötzlich angerufen wurde: Ob ich ins Thea-

ter gehen wolle, gespielt werde die Tragödie *Romeo und Julia*. Zu den Shakespeare-Dramen, die ich schon kannte, gehörte diese Tragödie nicht. Da ich aber von der Freikarte erst im letzten Augenblick erfuhr, konnte ich das Stück nicht mehr lesen oder mich wenigstens in einem Schauspielführer informieren. Vielleicht hing es auch mit dieser Ahnungslosigkeit zusammen, dass mich *Romeo und Julia* fast aus der Fassung brachte, fast bis zur Sprachlosigkeit, dass mich dieses Stück so tief getroffen hat wie später nur noch eine einzige Shakespeare-Tragödie, *Hamlet*. Mit der Qualität der Aufführung konnte dies wohl kaum zu tun haben. Die Inszenierung war, wenn ich mich recht entsinne, eher ordentlich als hervorragend. Warum also hat mich dieser Theaterabend so aufgewühlt?

Ich hatte schon viele Romane und Erzählungen, Gedichte und Dramen gelesen, in deren Mittelpunkt die Liebe stand. Doch waren sie für mich, der ich noch nicht die geringsten erotischen Erfahrungen gemacht hatte, etwas Abstraktes geblieben. Erst an diesem Abend begriff ich, was Liebe ist. Weil das Theater sinnlicher und anschaulicher ist als die Texte selbst der schönsten Novellen oder Balladen?

Nicht nur. Ich spürte, was *Romeo und Julia* von den anderen literarischen Werken unterschied: Es war, zunächst einmal, Shakespeares unheimliche Radikalität, die Unbedingtheit, mit der er dieses Thema behandelte.

Zum ersten Mal habe ich verstanden oder vielleicht auch nur geahnt, dass die Liebe eine Sucht ist, die keine Grenzen kennt, die das Außersichsein der von ihr Beglückten und Heimgesuchten zu einer Raserei führt, die der ganzen Welt Trotz bietet oder zu bieten versucht. Ich habe gespürt, dass die Liebe ein Segen ist und ein Fluch, eine Gnade und ein Verhängnis. Wie von einem Blitz wurde ich von der Entdeckung getroffen, dass Liebe und Tod zueinander gehören, dass wir lieben, weil wir sterben müssen.

Damals, 1933 oder 1934, hätte ich die Ursache dieser überwältigenden Wirkung, die Shakespeares *Romeo und Julia* auf mich ausgeübt hat, natürlich nicht zu erklären vermocht. Ich konnte nicht wissen, dass ich nur wenige Jahre später die bedrohliche Nähe, die grausame Nachbarschaft von Liebe und Tod selbst erleben würde. Dass mir ein Erlebnis bevorstand, so herrlich wie schrecklich: zu lieben, ohne auch nur für einen Augenblick die höchste Todesgefahr vergessen zu können, und also liebend die Nähe des Todes zu ertragen. Was bleibt von der Kunst? Robert Musil hat diese Frage gestellt und gleich lapidar beantwortet: »Wir als Geänderte bleiben.« Ich zögere nicht zu sagen: *Romeo und Julia* hat mich geändert.

Sind Sie Wolfgang Koeppen jemals persönlich begegnet?

Es war 1957. Ich lebte damals in Polen, wohin mich die nationalsozialistischen Behörden Ende 1938 deportiert hatten. Im Dezember 1957 reiste ich etwa zwei Wochen lang durch die Bundesrepublik. Offiziell war ich auf der Suche nach der neuen deutschen Literatur. Doch zugleich und vor allem wollte ich prüfen, ob ich nach beinahe zwanzig schweren Jahren vielleicht nach Deutschland zurückkehren könnte.

In Hamburg, wo die Reise begann, interviewte mich Siegfried Lenz, in Köln betreute mich Heinrich Böll, in München Erich Kästner. Dann aber wollte ich unbedingt Wolfgang Koeppen sehen. Ich kannte von ihm nur ein einziges Buch: den Roman *Der Tod in Rom*. Der aber hatte es mir angetan, meine Kritik, in einer polnischen Zeitschrift gedruckt, war sehr ausführlich und des Lobes voll.

Nun saß ich in München in einem Restaurant und wartete auf den Autor dieses Romans. Er wird schon sein – dachte ich mir – wie seine poetische Prosa, also scharf und streng, böse und bissig, jedenfalls ziemlich aggressiv.

Aber der Herr, der auf mich zukam, machte einen anderen Eindruck. Ich glaubte, er sei ein solider Oberstudienrat, der Griechisch und Geschichte lehre, von den Schülern beiden Geschlechts geliebt werde und nach Feierabend an einem Buch über Perikles arbeite. Aggressiv war der Schriftsteller, mit dem ich den Abend verbrachte, am allerwenigsten, auch nicht selbstsicher, vielmehr etwas schüchtern, wenn nicht gehemmt, sehr freundlich und verbindlich, leise und liebenswürdig.

Meine Fragen beantwortete er höflich und genau. Schließlich gab er mir ein Exemplar des Romans *Der Tod in Rom*. Ich wünschte mir, wie es sich gehört, eine Widmung. Ja, gewiss, aber so schnell gehe das nicht. Darüber müsse er erst nachdenken, mit einem verlegenen Lächeln bat er mich um Verständnis. Er werde das Buch mitnehmen und es mir dann mit einer entsprechenden Eintragung wiederbringen.

Vierundzwanzig Stunden später überreichte mir Koeppen seinen Roman zum zweiten Mal. Aber ich wagte nicht, den inzwischen von ihm verfassten Widmungstext in seiner Gegenwart zu lesen. Erst in meinem Hotelzimmer schlug ich, noch im Mantel, neugierig das Buch auf. Die Widmung lautete: »Für«, es folgte mein Name, »in freundschaftlicher Zuneigung«. Das war alles.

Um diese Worte zu ersinnen, hatte er also das Exemplar seines Romans für einen Tag mit nach Hause genommen. Damals, als ich Koeppens konventionelle Formel las, wurde mir erst bewusst, wie außergewöhnlich sein schriftstellerisches Verantwortungsgefühl war.

Nein, ein Autor, auf den man sich verlassen konnte, war er nie. Niemals hat er Termine eingehalten, niemals hat es ihm etwas ausgemacht, seine Auftraggeber auf sanfte Weise vor den Kopf zu stoßen oder im Stich zu lassen. Gelegentlich wurde er als Bohemien bezeichnet, womit nicht Koeppens Habitus gemeint war, wohl aber seine geradezu extreme Ungebundenheit. Das stimmt schon, nur war er ein Bohemien mit Prinzipien.

Unzuverlässigkeit und Verantwortungsgefühl gingen bei ihm Hand in Hand. Verleger und Redakteure haben ihn oft bedrängt, haben ihm in ihrer Verzweiflung gedroht oder geschmeichelt – und waren bisweilen erfolgreich. Doch unter keinen Umständen ließ sich Koeppen dazu überreden, ein Manuskript abzuliefern, das er für unfertig hielt.

Welcher Schriftsteller, den Sie im Leben kennengelernt haben, war der interessanteste? Also im Gespräch der lebendigste, anregendste?

Zu einem berühmten Züricher Nervenarzt kommt als Patient ein ernster, älterer Herr. Er leidet an schrecklichen Depressionen. Der Arzt rät ihm, täglich längere Spaziergänge zu machen und auch Bootsfahrten auf dem Züricher See. Das habe er schon getan, sagt der Patient, und es habe überhaupt nicht geholfen. Dann solle er ins Varieté gehen, wo der weltberühmte Clown Grock auftrete, der bisher jeden zum Lachen gebracht habe. Nein, sagt der düstere Patient, das sei unmöglich. Ja, warum bloß? Ich bin Grock.

Es gibt viele Autoren, die im Gespräch interessant und originell sind. Liest man später ihre Bücher, ist man enttäuscht. Denn es sind häufig langweilige oder bestenfalls mittelmäßige Bücher. Die Leute wundern sich, sie können das nicht begreifen. Sehr zu Unrecht. Denn wenn einer fabelhafte Witze erzählen kann und dolle Klatschgeschichten, dann geht daraus noch nicht hervor, dass seine Novelle oder sein Lustspiel in fünf Akten gut sein muss.

Andererseits habe ich Schriftsteller gekannt, deren Werk hochbeachtlich war, die mich aber im Gespräch nicht zu interessieren vermochten. Sonderlich wichtig ist diese Frage übrigens nicht, denn sie hängt keineswegs vom literarischen Talent des jeweiligen Autors ab. Wovon also? Von seiner Mentalität, seinem Temperament.

Die meisten Schriftsteller sind nur dann wirklich anregend, wenn sie über ihr eigenes Werk sprechen. Besonders enttäuschend sind Gespräche über literarische Pläne – schon deshalb, weil diese Pläne meist nie realisiert werden. Mir hat ein bekannter deutscher Autor den Inhalt seines nächsten Romans erzählt. Ich behauptete, an dem Projekt stark interessiert zu sein, und stellte zwei oder drei vorsichtige Fragen, um zu zeigen, wie ernst ich die Sache nähme. Mein Gesprächspartner war schon sichtlich enttäuscht, er glaubte, in den Fragen verberge sich Zweifel an seinem neuen Werk: »Ich sehe, du hast kein Verständnis für diesen Stoff.« In Wirklichkeit wollte er keine Fragen hören, sondern Ausdrücke der Begeisterung. Der Roman erschien, ist aber längst vergessen.

Außerordentlich anregend war im Gespräch Golo Mann – und nicht nur dann, wenn man sich mit ihm über seinen Vater unterhielt, über den Onkel Heinrich, über die Schwester Erika und, ganz besonders, über den Bruder Klaus. Aber ich schätze und bewundere Golo Mann nicht wegen der Urteile und Anekdoten über seine Familienmitglieder, sondern wegen seiner Essays und Kritiken. Kurz und gut: Es kommt nicht darauf an, dass ein Schriftsteller ein guter Causeur ist, sondern gute Novellen oder Trauerspiele verfasst.

Wenn ich antworten sollte, wer der größte Schriftsteller war, mit dem ich plaudern konnte, dann lautet die Antwort knapp und schlicht: Brecht. Und Thomas Mann? Ich habe ihn nie getroffen, und das ist wahrscheinlich gut so. Denn er soll im persönlichen Umgang nicht sehr angenehm gewesen sein – wie übrigens auch Fontane, den sich viele seiner Leser wie den alten Stechlin vorstellen. So war er aber nicht, vielmehr wollte er so gesehen werden.

Dass Morgenstern so amüsant war wie seine Gedichte und Tucholsky wie seine Feuilletons – ich glaube es nicht. Sie hüteten sich, ihr Pulver im Alltag zu verschießen. Mit den Schauspielern ist es ähnlich. Sie sind elegant, charmant und anmutig – auf der Bühne. Im

Alltag sind sie nachlässig gekleidet, bewegen sich sorglos und wollen gar nicht charmant wirken.

Da fällt mir noch Kafka ein. Sehr interessant war er, glaube ich, nicht. Aber ein Genie.

Empfinden Sie die gleiche Begeisterung
für einzelne Autoren wie in Ihrer Jugend?
Und gibt es Autoren, von denen Sie
damals begeistert waren und später enttäuscht wurden?

Jawohl, beides gibt es. Ich war in meiner Jugend geradezu hingerissen von Kleists Prosa
und Büchners Dramen, von den Romanen
Fontanes und den Novellen Schnitzlers, von
Brechts Lyrik, von Tucholskys Feuilletons und
von Polgars Kritiken. Ich liebe diese Autoren
auch als alter Mann. Natürlich gibt es den
umgekehrten Fall: Werke, die mich in jungen
Jahren tief beeindruckt haben, deren Wirkung
aber mit der Zeit offensichtlich nachgelassen
hat, und solche, deren Bedeutung sich mir erst
später offenbarte. Nur ein Beispiel sei genannt:
Shakespeares *König Lear*.

Ich las diese Tragödie in meiner Jugend –
respektvoll, ja, ehrerbietig. Doch zugleich hat
mich das Stück auch enttäuscht: Es schien mir
nicht vergleichbar mit *Hamlet*, *Romeo und Julia*
oder *Julius Cäsar*. Die Geschichte eines offenbar senilen Greises, der nicht mehr imstande
ist, die Welt wahrzunehmen, geschweige denn
sie einigermaßen vernünftig zu beurteilen, der

sein Reich leichtsinnig verschenkt und auf die Gnade von zwei bösen, niederträchtigen Töchtern angewiesen ist, der, vereinsamt und wahnsinnig geworden, auf der Heide umherirrt (und zu allem Unglück gibt es auch noch Sturm, Blitz und Donner) – nein, diese Geschichte konnte mich schwerlich überzeugen.

Aber der *König Lear* gehört doch zu den berühmtesten Tragödien der Weltliteratur. Ich wurde unsicher, ich las dies und jenes über das Stück. Mein Freund, der vorzügliche Theaterkritiker Georg Hensel, den wir auf keinen Fall vergessen dürfen, schrieb über *König Lear* den schönen Satz: »Diese Tragödie ist ein Elementarereignis, wie der Sturm auf der Heide.«

Letztlich allerdings konnte mir nichts helfen, nichts mir den Fall klären – bis ich schließlich eine Kritik des großen Alfred Kerr aus dem Jahre 1908 fand. Zu meiner Überraschung und Freude las ich über den *Lear*: »Dieses Werk ist mir auf der Bühne heute fast unerträglich, mit den Kinderplumpheiten, den dicken Häufungen, die es neben der Größe zeigt.« Damit war der Fall *König Lear* für mich erledigt – so schien es mir.

Nach dem Krieg habe ich das Stück mehrmals gesehen, in verschiedenen Sprachen.

Allmählich hörte das archaische Märchen auf, mir gleichgültig zu sein. Ich begann die Gründe seines Ruhmes zu verstehen. Warum hatte sich mein Verhältnis zu diesem Drama mit den Jahren deutlich geändert? Ich wusste es nicht – bis mir ein spätes Gedicht Goethes aufgefallen ist. Es beginnt mit den Worten: »Ein alter Mann ist stets ein König Lear!« Als Goethe dies schrieb, war er achtundsiebzig Jahre alt, als ich es in seinen Werken fand, war ich neunundsiebzig.

Muss man alt werden, um den *Lear* zu begreifen, zu bewundern?

Wie beurteilen Sie den Schriftsteller Rolf
Dieter Brinkmann?

Er war ein unzurechnungsfähiger Poet. Aber
er war ein Poet. Von Anfang an ging er aufs
Ganze: trotzig, radikal und rücksichtslos. Sein
erstes Buch (*Die Umarmung*, 1965) schildert
»etwas unvorstellbar Gemeines, Viehisches«.
Nämlich unser Leben. Das Buch beginnt mit
einem Tod, erreicht seinen Höhepunkt mit
der Beschreibung eines Koitus und endet mit
einer Geburt. Hier lehnte sich ein noch junger Autor mit Wut und Besessenheit gegen die
biologischen Gegebenheiten des Daseins auf.

Aber so konsequent er seinen Abscheu arti-
kulierte, so wenig wollte er verheimlichen, dass
er zugleich fasziniert war: Dem ratlosen und
verzweifelten Protest entspricht eine wider-
willig-leidenschaftliche Zustimmung. Dieses
zwiespältige Verhältnis zur Realität wurde am
deutlichsten in der schonungslosen, scheinbar
kühl-sachlichen Darstellung des Sexuellen.

Einem Sexroman verdankte Brinkmann
seinen Platz in der deutschen Nachkriegsliteratur: dem Roman *Keiner weiß mehr* (1968).
Es ist ein trotzig hingeworfener Brocken Prosa, kühn und schonungslos. Eine Liebesbezie-

hung wird dargestellt, eine Ehekrise wird analysiert. Aber vor allem liefert der Roman das psychologische Porträt eines Intellektuellen der (damals) jungen Generation.

Die Verwirrung, an der er leidet, die Abhängigkeit, die er überwinden möchte, seine Hast und Müdigkeit, alle diese Zustände, die der Roman in Nahaufnahmen und Momentbildern fast überscharf verdeutlicht, haben ihren gemeinsamen Ursprung im Sexuellen. Dieser junge Erzähler wusste sehr genau, worauf es bei der Darstellung des Sexuellen in der Literatur ankommt: Es gelang ihm immer, die Beschreibung der physischen Vorgänge mit der Wiedergabe ihrer psychischen Voraussetzungen, Begleitumstände und Reaktionen zu ergänzen und zu synchronisieren.

1975 wurde Brinkmann in der Innenstadt von London auf der Straße überfahren. Die deutsche Literatur war um eine Hoffnung ärmer.

Ich habe von Ihnen erfahren, wie viel die Literatur zu leisten vermag, insbesondere wie viel Trost, Hoffnung und Lebensmut sie einem persönlich geben kann. Kann sie dem Leser auch die Angst vor dem Tod nehmen? Welchem Schriftsteller ist dies besonders geglückt?

Eine sehr generelle Antwort auf Ihre sehr allgemeine Frage gibt es nicht. Das hängt vom Individuum ab und ist in jedem einzelnen Fall anders. Je bedeutender, je größer ein Schriftsteller ist, desto eher kann ihm glücken, was Sie offensichtlich von der Literatur erwarten. Aber Sie möchten vielleicht Namen hören, hier sind zwei: Shakespeare und Goethe.

Teilen Sie meine Meinung, dass Wolf
Biermann der bedeutendste deutsche
Lyriker und Essayist der Gegenwart ist?

Ich schätze und bewundere Biermann seit
vielen Jahren. Mein erster Artikel über ihn
erschien 1965 in der *Zeit*. Das war damals die
erste Kritik über seine Lyrik sowohl in der
Bundesrepublik als auch in der DDR.

Ich werde hier nicht wiederholen, was ich
damals über Biermann geschrieben habe. Nur
so viel: Ich habe von meiner hohen Anerkennung nichts zurückzunehmen.

In der Geschichte der deutschen Literatur
mangelt es nicht an Autoren, die verbannt und
vertrieben wurden, die man in Gefängnissen
und Konzentrationslagern misshandelt und
gepeinigt hat. Doch einen, der nicht singen
und nicht publizieren durfte und der dennoch
gehört und gelesen wurde, der den Wider-
stand gegen den Terror symbolisierte, der den
Nonkonformismus geradezu verkörperte, und
dies elf Jahre lang, einen solchen Deutschen
kannte man vor ihm, Wolf Biermann, nicht.

Bevor sein erster Gedichtband gedruckt
wurde (1965 in West-Berlin), war er, der Bürger der DDR, schon ein berühmter Dich-

ter, einer, dessen Verse in seiner Heimat von Hand zu Hand gingen: auf Tonbändern und in unzähligen Abschriften. Er wurde in der DDR – wie er selbst sagte – »zum staatlich anerkannten Staatsfeind mit Maulkorb«. So entstand der Biermann-Mythos.

Er hatte damals Angst vor dem Gefängnis, aber die Angst hatte nicht ihn. Dichtend und komponierend riskierte er seine Freiheit, ja seine ganze Existenz. Zugleich verdankte er seiner Poesie, dass er schließlich siegen konnte.

Es gab gestern und es gibt heute in Deutschland und anderswo bedeutendere Lyriker und originellere Komponisten, es gab und gibt bessere Sänger und Gitarristen. Selbstverständlich. Nur lässt sich Biermann weder einordnen noch auf ein Fach festlegen. Man kann ihn nicht etikettieren, er sprengt jeden Rahmen. Er ist ein militanter Musiker und ein fröhlicher Volksredner, ein Prediger und ein Pamphletist, er ist ein Conferencier und ein Kabarettist, ein Schalk und ein Showmaster.

Es ist jetzt still um Biermann geworden, aber sein letzter Band (*Heimat*) enthält wieder wichtige und schöne Gedichte. Seine Verse werden manche Dichter, die heute so gern gelobt werden, überleben.

Was bedeuten Ihnen die Bücher von
Thomas Bernhard, und wie ist seine
Erzählkunst zu beurteilen?

Thomas Bernhards erstes Buch, der Roman *Frost*, erschien 1963. Ich las es mit gemischten Gefühlen. Ich war fasziniert, gewiss, aber in noch höherem Maße irritiert. Ein ganz großes Talent? Ich war meiner Sache nicht sicher. Und ich meine, dass ein Kritiker, der sich nicht entscheiden kann, seine Unsicherheit mit sich selbst ausmachen muss und erst dann vor das Publikum treten darf, wenn er glaubt, klar sagen zu können, was seiner Ansicht nach hier gespielt und wie es gespielt wird.

Beim nächsten Buch Bernhards, der Erzählung *Amras* (1964), stand ich vor demselben Dilemma. Und wenn ich mich heute frage, was mich damals gehindert hat, über ihn zu schreiben, drängt sich mir ein Wort auf: Angst. Ich fürchtete, seiner Prosa nicht gewachsen zu sein. Wie ich viele Jahre gezögert habe, mich über Kafka zu äußern, so entzog ich mich vorerst auch den Büchern Bernhards.

Das änderte sich schnell: Als ich 1965 in der *Neuen Rundschau* seine nicht lange Erzählung *Der Zimmerer* gelesen hatte, war mein etwas zwiespältiges Verhältnis zu dem jungen österreichischen Autor überwunden. Dieses Prosastück berührte und beeindruckte mich mehr als *Frost* und *Amras*, nun meinte ich, meiner Sache ganz sicher sein zu können. Ich nahm den *Zimmerer* in meine noch im selben Jahr erschienene Anthologie *Erfundene Wahrheit – Deutsche Geschichten seit 1945* auf. Übrigens habe ich diese Erzählung in einer späteren Ausgabe der Anthologie gegen eine andere von Thomas Bernhard ausgetauscht, die mir noch bedeutender erschien, gegen *Die Mütze*.

Zugleich war ich entschlossen, mich mit seinem nächsten Buch kritisch auseinanderzusetzen. 1967 publizierte er den Roman *Verstörung*, dem dann rasch seine kleine, doch gewichtige Sammlung *Prosa* folgte. Hatte ich jetzt keine Angst mehr vor Bernhard? War ich nun seinem Werk gewachsen? Nein, natürlich nicht. Aber es fragt sich, ob man ihm überhaupt gewachsen sein kann. Goethe sagte 1827 zu Eckermann: »Je inkommensurabler und für den Verstand unfasslicher eine poetische Produktion, desto besser.« Hat Goethe dies wörtlich gemeint? Vielleicht wollte er nur sagen, dass das Inkommensurable und für den

Verstand Unfassliche dem Autor und seiner Dichtung sehr wohl zugutekommen kann.

In jeder Hinsicht spürte und wusste Bernhard ungleich mehr, als er in Worten auszudrücken imstande war. Eben deshalb konnte er ausdrücken, was sich in seinen Büchern findet. Ich habe es nie für meine Aufgabe oder auch nur für möglich gehalten, den Fall Bernhard gänzlich zu klären. Was ich im Sinn hatte, war nichts anderes als eine Annäherung – und diese konnte stets nur bedingt gelingen. Seine Prosa ließ sich nicht durchschauen: Sie blieb auch dann, wenn er scheinbar unbeschwert und munter erzählte, unheimlich und beklemmend. Und je besser ich sie zu verstehen glaubte, desto mehr beunruhigte und irritierte sie mich.

Von manchen unserer Schriftsteller ließe sich sagen: Er ist einer von uns – also von uns, den Literaten. Für Thomas Bernhard gilt dies mit Sicherheit nicht. Niemand konnte auf ihn Anspruch erheben, er war ein extremer Einzelgänger, ein programmatischer Außenseiter. Sein Œuvre, das epische wie das dramatische, spottet allen Vergleichen, es widersetzt sich, wenn auch nicht der Auslegung, so doch der Festlegung. »Sein Talent ist inkommensurabel« – heißt es in einem Gespräch Goethes über Lord Byron.

Was halten Sie von den Büchern
von Joseph Conrad? Haben Sie sie
einst begeistert gelesen?

Die erste Frage bringt mich in Verlegenheit,
die zweite beantworte ich gern. Und ich bin
dem Leser dankbar, dass er den Namen Joseph
Conrad ins Gespräch bringt. Ich muss wieder
einmal auf meine Schule zu sprechen kommen und die Rolle, die sie in meiner Jugend
in den dreißiger Jahren gespielt hat.

Dass im Deutschunterricht die Liebe zur
deutschen Literatur geweckt wurde, versteht
sich von selbst. Aber das gilt auch für den
Französisch-, den Englisch- und den Latein-
unterricht. Besonders gut war unser Englisch-
lehrer. Er hatte keine Hemmungen, mit uns
Shakespeares reichstes, tiefstes, intelligentestes,
schwierigstes Werk »durchzunehmen«: den
Hamlet.

Ich habe ihn damals zum ersten Mal Zeile
für Zeile gelesen, nicht nur das englische Original, sondern auch die herrliche, die bis heute, ich bin davon überzeugt, unübertroffene
deutsche Übersetzung von August Wilhelm
Schlegel. Ich erinnere mich noch an einige
andere Autoren, die wir im Englischunter-

richt gelesen haben: Dickens, Edgar Allan Poe, Oscar Wilde und Joseph Conrad.

Die Frage, ob mich Conrads Bücher einst begeistert hätten, kann ich gleich beantworten – mit einem entschiedenen Ja. Sie haben mich so begeistert, dass ich André Gide verstanden habe, der Englisch lernte, um Conrad im Original lesen zu können. Und bei Thomas Mann habe ich die gelegentliche Bemerkung gefunden, Conrad sei der größte Erzähler des zwanzigsten Jahrhunderts. In der Schule konnten wir uns nur mit einem Werk von Conrad beschäftigen: mit der Erzählung *Youth* (*Jugend*). Sie ist mir unvergesslich.

Was soll man sonst von Conrad lesen? Das ist die Frage, die mich etwas in Verlegenheit bringt. Hier einige Titel: *Herz der Finsternis*, *Lord Jim*, *Die Schattenlinie*, *Taifun*. Aber ich will nicht verheimlichen, dass ich, gerade diese Titel hervorhebend, meines Urteils nicht mehr so sicher bin.

Sind es wirklich seine wichtigsten Bücher? Ich habe sie vor sechzig, ja vor siebzig Jahren gelesen. Ich müsste sie, um sie heute beurteilen zu können, jetzt noch einmal lesen. Aber so wie die Dinge liegen (ich bin Jahrgang 1920), werde ich es nicht mehr schaffen.

Conrad war ein englischer Schriftsteller, natürlich, aber er war ein Pole, geboren 1857 in Berditschew in der heutigen Ukraine. Seit seinem siebzehnten Lebensjahr fuhr er auf Handelsschiffen. Erst im Alter von neunzehn oder zwanzig Jahren erlernte er die englische Sprache, in der alle seine Bücher geschrieben sind. Er war einer der besten Stilisten und Psychologen der englischen Literatur.

Sie haben im Lauf Ihrer jahrzehntelangen Tätigkeit als Literaturkritiker sicher-
lich viele tausend Bücher gelesen. Gibt
es ein Buch, das Sie über diesen Zeitraum
begleitet hat, an das Sie als »Trost« nach
der Lektüre von einigen eher schlechten
Büchern denken?

Einige literarische Werke (von sehr unterschiedlicher Qualität) haben mich tatsächlich
beinahe mein ganzes Leben lang begleitet:
*Faust, Iphigenie auf Tauris, Hamlet, Romeo und
Julia, Prinz Friedrich von Homburg, Die Brüder
Karamasow, Anna Karenina* und noch einige
andere. Das gilt auch für viele Gedichte, zumal von Goethe, Heine, Rilke, Brecht, Hofmannsthal, Kästner und vielen anderen. Allen
diesen Autoren, aber auch vielen anderen, ver-
danke ich zugleich, was Sie »Trost« nennen.

Im Jahr 1982 unterhielt ich mich ausführlich mit dem hervorragenden peruanischen Schriftsteller Mario Vargas Llosa, unter anderem über Jorge Luis Borges. Llosa sagte knapp: »Wenn ein Dichter spanischer Zunge den Nobelpreis verdient hat, dann ist es Borges. Was er für unsere Literatur getan hat, lässt sich kaum überschätzen. Denn er hat die Sprache der modernen spanischen Poesie geschaffen. Wir alle kommen aus seinem Mantel.«

Kurz darauf wurde der Nobelpreis verliehen, und Borges, damals dreiundachtzig Jahre alt, wurde wieder einmal übergangen. Borges gehörte zu den großen Schriftstellern, die alljährlich den Nobelpreis nicht erhielten, weil sie aus uns unbekannten Gründen den Herren in Stockholm missfielen.

Ich habe Borges nur einmal getroffen: Ende Oktober 1982 in einem Frankfurter Hotel. Er war für einige Tage nach Deutschland gekommen. Er liebte dieses Land, weil er die deutsche Literatur liebte und die deutsche Philosophie bewunderte. Vor allem wollte er Düsseldorf besuchen, und zwar wegen Heine. Denn er empfinde sich, so Borges ganz ungeniert, als

Doppelgänger oder Nachfolger Heinrich Heines. Er wolle einmal in dem Haus sein, in dem dieser Dichter geboren wurde.

Während er sich mit Emphase über Heine äußerte, blickte ich auf seine blaue Krawatte, die auf unauffällige Weise besonders schön war und vorzüglich zu seinem dunkelblauen Anzug passte. Während Borges temperamentvoll über Heine sprach, dachte ich mir: Er hat diese Krawatte nie gesehen. Schon in seiner Jugend haben ihm seine Augen viel Kummer bereitet. Ab 1955 war er vollkommen erblindet. Was wird er von seinem Aufenthalt im Hause Heines haben? Nichts als das Bewusstsein, im Hause Heines zu sein. Aber ist das wenig?

Wir sprachen lange über Goethe, Schiller und natürlich Heine. Vom Theater allerdings wollte er nichts wissen. Natürlich bewundere er Shakespeare, doch nicht auf der Bühne. Von Brecht habe er nie eine Zeile gelesen. Nach seinen Vorbildern befragt, nannte er zuerst Kafka. Sein ganzes Leben habe er von und über Kafka gelesen, bisweilen ihn sogar plagiiert. Wirklich hervorragend seien aber nicht dessen Romane, sondern die Erzählungen.

Eine Welt, bloß aus Büchern bestehend – so hat sich Borges einmal das Paradies vorgestellt.

Doch je länger das Gespräch mit ihm dauerte, desto klarer wurde mir, dass die Bücher, die er für das von ihm erträumte Paradies benötigte, fast ausschließlich Lyrik enthalten sollten. Er hat Heym und Trakl übersetzt, er rezitierte mit sichtlichem Vergnügen Liliencron und Morgenstern, Hofmannsthal und George. Die Expressionisten kannte er wohl alle.

Bedeutende Dichter, sagte Borges, hätten etwas von einem Naturereignis – eben deshalb könne man sie nie kritisieren. Die Besprechungen seiner Bücher habe er nie gelesen. Wozu sollte er das tun? Sobald ein Werk vollendet und publiziert sei, existiere es für ihn nicht mehr, er wolle es unter keinen Umständen wiederlesen.

Was ich von ihm kannte, interessierte Borges nicht, glücklicherweise. Denn meine Kenntnis seiner Schriften war und ist sehr dürftig. Das hat einen, freilich entscheidenden, Grund: Spanisch gehört zu den vielen Sprachen, die ich nicht beherrsche. Deshalb kenne ich jenen Teil seines Werks, der sein weitaus bedeutendster sein soll, überhaupt nicht – die Lyrik. Und damit hat es zu tun, dass ich mich sehr lange geweigert habe, über Borges zu schreiben. Ich bitte um Verständnis.

Wie schätzen Sie das Werk Wolfgang Borcherts heute ein?

Man hüte sich, Wolfgang Borchert, wie schon oft geschehen, zu unterschätzen. Er wurde von dem im Dritten Reich verpönten und verbotenen Expressionismus geprägt. Das gilt vor allem für sein Hauptwerk, das Drama *Draußen vor der Tür*. Dieses Heimkehrerstück ist Schrei und Aufschrei, Klage und Anklage in einem, es ist Ausdruck von Verzweiflung der vom Vaterland betrogenen, vom Krieg gemarterten und von der Nachkriegsgesellschaft ausgeschlossenen Generation.

Haben Sie den Pianisten Władysław Szpilman persönlich gekannt? Hat die Verbindung zur Kunst bei ihm einen speziellen Überlebenswillen geschaffen? Mir scheint manchmal, Sie stellen in der Kunst die Literatur höher als die Musik.

Ja, ich habe Władysław Szpilman, den der außerordentliche Film von Roman Polański in Deutschland bekannt gemacht hat, persönlich oft gesehen – im Warschauer Getto oder später, in der Nachkriegszeit, auch in Warschau. Wir haben lange Gespräche geführt, vor allem über Musik. Seine Konzerte sind mir unvergesslich. Dass es die Musik war, die seinen Überlebenswillen gesteigert hat, ist sicher richtig.

Dass ich in der Kunst die Literatur höher stelle als die Musik, trifft nicht zu, das ist meiner Ansicht nach überhaupt nicht möglich. Ich liebe die Musik seit meiner Jugend, aber die Literatur wurde mein Beruf. Das war – davon bin ich überzeugt – die richtige Entscheidung. Denn letztlich ist mein Sinn für die Literatur viel stärker entwickelt als mein Sinn für die Musik.

Noch kurz vor seinem Tod (in Warschau im Jahre 2000) habe ich mit Szpilman telefonisch gesprochen. Es war eine ausführliche, eine unheimliche Unterhaltung zweier alter Männer über die Konzerte im Warschauer Getto. Szpilman hatte nichts vergessen.

Welche Lektüre empfehlen Sie für ein
zwölfjähriges und ein neunjähriges Mädchen, die sie an die Tiefe und den Reich-
tum guter und tiefer Literatur heran-
führen könnte?

Sie wenden sich an eine falsche Adresse.
Denn ich bin Literaturkritiker. Bücher für
Kinder sollten Pädagogen empfehlen, zumal
Deutschlehrer. Kurz: Ich bin nicht zuständig.
Aber Sie sollen nicht ganz leer ausgehen.

Als ich etwa elf oder zwölf Jahre alt war,
entdeckte ich einen deutschen Autor, dessen Bücher sich für Kinder nicht eigneten.
Doch eine kluge Berliner Verlegerin schlug
ihm vor, es einmal mit einem Kinderroman
zu versuchen. Er war nicht gerade begeistert,
er sagte mürrisch, Romane für Kinder – das
habe es bisher nicht gegeben. – »Eben deshalb
sollten Sie so etwas machen.« Der Autor hieß
Erich Kästner, schrieb innerhalb von wenigen Wochen einen Kinderroman, der ein Welt-
erfolg wurde. Der Titel des Buches: *Emil und
die Detektive.*

Kästner liebte das Spiel mit vertauschten
Rollen. Er hielt es oft für richtig, die Leser
seiner Essays und Artikel so zu behandeln, als

wären sie noch Kinder. Und er nahm die Leser seiner Kinderbücher immer so ernst, wie Erwachsene behandelt werden wollen.

Auch Kästners Romane für Kinder sind zunächst und vor allem poetische Plädoyers für die Vernunft in den Zeiten der Unvernunft. Doch diejenigen, die in diesen Büchern die Welt vom Standpunkt des gesunden Menschenverstandes aus beurteilen, die sich als Sachwalter der Vernunft und der Ordnung erweisen, das sind eben nicht die Erwachsenen, sondern die Kinder und die Halbwüchsigen. Sie verfolgen und fassen den Dieb und stellen so die Ordnung wieder her.

»Wahr ist eine Geschichte dann, wenn sie genau so, wie sie berichtet wurde, wirklich hätte passieren können« – erklärte Kästner in der Einleitung zu einem seiner Bücher. Wenn die Kinder die besten seiner Bücher als wahr empfanden, so unter anderem deshalb, weil in diesen Büchern meist Milieus gezeichnet wurden, die diese Kinder selbst kannten, die ihnen vertraut waren.

Statt der in der Kinderliteratur bevorzugten Exotik zeigte Kästner die unmittelbare Umwelt seiner Leser. Er ließ seine Geschichten nicht in der Antike oder im Mittelalter spielen, sondern in der Gegenwart. Ihre Helden waren nicht Winnetou oder Lederstrumpf, Ben Hur oder Sigismund Rüstig, sondern gewitzte Kinder und Halbwüchsige aus der modernen Großstadt. Was sich in *Emil und die Detektive* ereignet, passiert vor allem in den Straßen und in den Höfen Berlins.

Neben der außergewöhnlichen Beobachtungsgabe und dem verschmitzten und ironischen und gleichwohl auch für Kinder immer verständlichen Humor hat zur Glaubwürdigkeit und damit zum Erfolg des *Emil* die Reizbarkeit Kästners für die Sprache viel beigetragen.

Ähnlich wie Döblin in *Berlin Alexanderplatz*, wie Horváth in seinen frühen Stücken, wie Fallada in seinen besten Romanen und Tucholsky in seinen treffendsten Feuilletons hat auch Kästner das alte und immer wieder bewährte Rezept befolgt: Er hat dem Volk aufs Maul geschaut. Er hat, wie keiner vor ihm, die Alltagssprache der Großstadtkinder belauscht und fixiert.

So gesehen war das Buch nichts anderes als die längst fällige Hinwendung der Literatur für Kinder ebenso zu realistischen Ausdrucksmitteln wie zur überprüfbaren Realität. Das entsprach jener damals dominierenden Richtung, für die es nur eine verschwommene und fragwürdige und dennoch nicht überflüssige Bezeichnung gibt: *Emil und die Detektive* – das ist *der* Kinderroman der Neuen Sachlichkeit.

*Sie haben in der Frankfurter Allgemeinen
Zeitung einen liebevollen Text über den
verstorbenen Dichter Peter Rühmkorf
geschrieben. Er aber hat sich in seinen
Tagebüchern mitunter kritisch über Sie
geäußert. Haben Sie einmal mit ihm
darüber gesprochen? Oder ist Ihnen Kritik
von Schriftstellern nicht so wichtig?*

Was Schriftsteller über meine Kritiken denken, ist mir keineswegs gleichgültig. Dass
Peter Rühmkorf sich bei verschiedenen Gelegenheiten kritisch über mich geäußert hat,
trifft zu. Bei anderen Gelegenheiten aber hat
er sich sehr freundlich geäußert. Zum ersten Mal habe ich ihn 1959 in Hamburg getroffen. Ich habe ihn schon damals, Ende der
fünfziger Jahre, sehr geschätzt: als glänzenden
Gesprächspartner, als gründlichen Kenner der
Literatur und – vor allem natürlich – als ori-
ginellen Lyriker. Allerdings waren Kontakte
mit ihm nicht leicht, zumal er eine sonderbare
und ziemlich permanente Abneigung gegen
das Telefonieren hatte. Wenn wir über Poesie sprachen, musste man aufpassen, dass man
nicht Dichter lobte, die ihm missfielen. Dann
verstummte er und wurde bald ärgerlich.

Über Kritiker konnten wir uns nur selten einigen. Aber so ist es beinahe immer: Wenn ein Autor sagt, was er von einem Kritiker hält, sollte man stets nachprüfen, wie dieser Kritiker das letzte Buch dieses Autors beurteilt hat. In den siebziger Jahren erhielt Rühmkorf in München den Erich-Kästner-Preis. Ich wurde gebeten, die Laudatio zu halten. Rühmkorf war mit meiner Rede – ich habe ihn, da es eine Lobrede war, naturgemäß nur gelobt, und mit Nachdruck – sehr zufrieden. Damals waren unsere Beziehungen eine Weile höchst erfreulich.

Sie wurden irgendwann durch einen für Rühmkorf sehr typischen Vorgang gestört. Nachdem lange von ihm nichts zu hören war, schickte er mir eines Tages ein neues Gedicht – für die *Frankfurter Allgemeine Zeitung*, deren Literaturchef ich inzwischen war. Dies Gedicht kam mit einem Brief, in dem Rühmkorf verlangte, dass ich ihm sofort, noch am selben Tag, antwortete, ob ich das Gedicht für die Zeitung nehmen würde, zumal andere Redaktionen auf neue Manuskripte von ihm ungeduldig, ja, gierig warteten.

Ich las den Text aufmerksam. Er gefiel mir nicht sonderlich. Bei mir arbeiteten damals drei Redakteure. Der eine ist heute bei der *Zeit*, der andere beim *Spiegel*, der dritte bei der *Welt*. Ich schickte ihnen das Rühmkorf-Manuskript zur Begutachtung. Alle drei gaben mir das Manuskript mit beinahe wörtlich demselben Urteil: »Gedicht nicht stark, lieber darauf verzichten.«

Rühmkorf bekam also das Gedicht zurück. Ich lobte es und schrieb dem Autor, dass wir auf diesen Text nun doch verzichten wollten, was ihm nichts ausmachen werde, da es ja viele andere Redaktionen gebe, die einen neuen Rühmkorf-Text geradezu sehnsüchtig erwarteten. Unser Poet war empört. Jedenfalls hatte er meine Ironie verstanden. Jetzt war ziemlich lange Funkstille zwischen uns.

Rühmkorf war ein sehr empfindlicher Lyriker. Es gibt auch weniger empfindliche Poeten, mit denen die Zusammenarbeit erheblich leichter ist. Aber ihre Gedichte sind denn auch viel schwächer als die von Peter Rühmkorf, dem Dichter, dem nichts Poetisches fremd war.

4

Die Beschäftigung mit Literatur ist eine gute Schule der Toleranz

Fragen, die meinen
Widerspruchsgeist wecken

Können Sie erklären, weshalb es von
Kritikern keine erwähnenswerten Romane
oder Gedichtbände gibt?

Ebenso könnte man fragen, warum sich noch
nie ein Musikkritiker als Violinvirtuose, als
bedeutender Dirigent oder Komponist bewährt hat. Man hat auch noch nie gehört, dass
ein Sportberichterstatter zugleich als Boxer
oder Langstreckenläufer erfolgreich war.

Für die Kritik ist eine ganz bestimmte
Begabung erforderlich, nicht aber die Fähig-
keit, die kritisierten Werke zu schreiben. Der
Essayist und Kritiker Hans Egon Holthusen
(1913 bis 1997) hat auch Gedichte und einen
Roman verfasst, die allesamt schroff abgelehnt
wurden. Manche seiner essayistischen Schriften aber hat man mit Interesse diskutiert.

Ein noch heute wirkender Kritiker von
Format hat auch einen Roman geschrieben,
doch die Arbeit abgebrochen und das Vorhan-
dene nie publiziert. Recht hat er daran getan,
denn man hätte ihm gesagt: »Schuster, bleib
bei deinem Leisten.« Ein anderer Kritiker
hat mehrere belletristische Bücher publiziert.
Dies hat, um es vorsichtig auszudrücken, seinem Ruf und Ansehen nicht genutzt.

> In den Dramen von Friedrich Schiller
> habe ich keinen Humor gefunden. Jenes
> Lachen und Weinen, das bei Shakespeare
> vorkommt, gibt es bei ihm nicht. Habe
> ich recht?

Diese Frage missfällt mir. Gleichwohl will ich sie beantworten. Doch zunächst möchte ich eine kleine Episode erzählen.

1972 sah ich in Frankfurt die deutsche Erstaufführung des Schauspiels *Lear* von Edward Bond, einer szenischen Auseinandersetzung mit Shakespeares *König Lear*. Mich hat das Stück enttäuscht. Vor dem Theater traf ich meinen vorzüglichen Kollegen Hellmuth Karasek. »Ihnen hat das gewiss gefallen«, sagte ich provozierend. Karasek antwortete trotzig: »Jawohl.« Ich verwies auf die Szene mit der Blendung Gloucesters. »Dies hat Shakespeare«, so sagte ich, »besser gemacht.« Darauf Karasek, wütend: »Shakespeare hat alles besser gemacht.« Ich verstummte – und habe Karaseks außerordentlichen Satz nie vergessen. Ich schlage vor, ihn in die nächste Ausgabe von Büchmanns *Geflügelten Worten* aufzunehmen.

Kurz und gut: Shakespeare ist der größte Bühnenautor aller Völker und Zeiten, sinnlos ist es, ihn gegen diesen oder jenen Dramatiker ausspielen zu wollen. Auch gegen Schiller sollten wir Shakespeare nicht ins Feld führen.

Andererseits ist es schon richtig, dass man hierzulande seit weit über hundert Jahren immer wieder entdeckt, dass die deutsche Literatur humorlos sei. Diese Behauptung lässt sich in der Tat nicht so rasch von der Hand weisen. Hatte Schiller Humor? Oder Hölderlin? Wo gibt es so humorlose Schriftsteller – um hier nur Tote zu nennen – wie Anna Seghers oder Ernst Jünger, wie Uwe Johnson oder Ingeborg Bachmann?

Dennoch wage ich zu vermuten, dass, von der englischen abgesehen, kaum eine Literatur der Welt so viel Humor hat wie die deutsche. Und dass also die gegenteilige Behauptung bloß ein Klischee ist, das von Generation zu Generation ungeprüft weitergereicht wird.

Die besten deutschen Erzähler – Jean Paul, Theodor Fontane, Thomas Mann – waren auch und vor allem Humoristen. Wo gibt es in der Weltliteratur des zwanzigsten Jahrhunderts einen Erzähler, der, wenn es um den Humor geht, sich mit Thomas Mann messen könnte? Er glaubte sogar, das Humoristische sei »das Wesenselement des Epischen« – was mir nun doch etwas übertrieben scheint und eher als treffende Charakteristik seines eigenen Werks verstanden werden sollte.

Wo gab es im neunzehnten Jahrhundert einen Lyriker, der mehr Witz und Ironie, mehr Humor gehabt hätte als Heinrich Heine, wo im zwanzigsten Jahrhundert Autoren mit mehr Pfiff und Humor als Karl Kraus und Kurt Tucholsky, als Joachim Ringelnatz und Erich Kästner? Welche Literatur könnte sich solcher Humoristen wie Wilhelm Busch rühmen oder Christian Morgenstern? Sollte ich die Frage beantworten, welche Figur des Welttheaters am meisten mit Humor gesegnet sei, ich zögerte keinen Augenblick: Nicht auf Falstaff oder ein anderes Shakespeare-Geschöpf fiele meine Wahl und auch nicht auf die doch etwas simplen Helden Molières, sie fiele auf unseren Mephisto.

Die weitaus besten komischen Opern, die ich kenne, stammen, immerhin, aus deutschen Federn: An die *Meistersinger* denke ich und an den *Rosenkavalier*. Und wie ist es mit den Komödien – haben wir wirklich nur die *Minna von Barnhelm* und den *Zerbrochenen Krug*? Auch Christian Dietrich Grabbes *Scherz, Satire, Ironie und tiefere Bedeutung*, auch Gerhart Hauptmanns *Biberpelz* sind nicht von Pappe.

Und wie wäre es mit dem verschwenderi-schen Ferdinand Raimund und mit Johann Nestroy, der sich einen Jux machen wollte, und wie mit dem schwierigen Hugo von Hofmannsthal? Apropos Jux und Österreich: Wenn wir von Humor reden, dann sollten wir unbedingt auch an Ernst Jandl erinnern.

Warum werden heutzutage humoristische Romane in deutscher Sprache nur sehr selten geschrieben? Weil wir in schweren Zeiten le-ben? Als der *Don Quijote* des Cervantes und Gogols *Tote Seelen* erschienen, hatten es die Spanier und die Russen mit Sicherheit nicht leicht. Doch waren Cervantes und Gogol Genies – und mit Genies, die ja alle Regeln sprengen, lässt sich kaum etwas beweisen. Dies ändert aber nichts an der Tatsache, dass die eu-ropäischen Schriftsteller heutzutage nicht oft humoristische Romane schreiben. Der letz-te große humoristische Roman in deutscher Sprache war, wenn ich mich nicht irre, *Der Erwählte* von Thomas Mann.

Zurück zu der Frage. In Schillers Dramen findet sich in der Tat nur wenig Humor – etwa in *Kabale und Liebe* oder im *Wallenstein*. Das mag bedauerlich sein, aber dennoch ist er einer der großen europäischen Bühnenautoren.

Können Sie mir zustimmen, dass der
Faust das beste je in deutscher Sprache
geschriebene Werk ist, wenn nicht sogar
der beste literarische Text überhaupt?

Unsere Leser lieben Superlative. Hier sind in
einer Frage sogar zwei Superlativfragen ver-
packt. Der *Faust*, das bedeutendste, das schönste Werk in deutscher Sprache? Ja, damit bin
ich gern einverstanden. Aber die Behauptung,
es handele sich um den besten je geschriebenen literarischen Text, gefällt mir nicht. Die
Italiener halten für das wichtigste literarische
Werk Dantes *Göttliche Komödie*. Die Griechen
würden wohl die *Ilias* nennen oder die *Odys-
see*, die Juden die Bibel. Die Engländer? Sie
wären bestimmt für Shakespeare, wohl für den
Hamlet. Von den Russen bekämen wir *Krieg
und Frieden* zu hören oder Dostojewskis *Brüder Karamasow* oder vielleicht Puschkins *Eugen
Onegin*. Daraus geht nur hervor, dass jedes Volk
eine andere Perspektive hat. Und das ist gut
so und erfreulich.

Man stelle sich vor, die Superlativfrage
würde die Lyrik betreffen. Da wäre eine Einig-
keit unter den Nationen vollkommen unmöglich. Die Franzosen würden ein französisches

Gedicht nominieren, die Engländer ein englisches, die Deutschen ein deutsches und die Polen ein polnisches, denn es gibt herrliche polnische Gedichte, deren Schönheit nur jene ermessen können, die des Polnischen mächtig sind. Ist es in der Musik, da sie doch von der Sprache unabhängig ist, wirklich anders? Heute gilt als der größte Komponist aller Zeiten natürlich Mozart. Doch so war es nicht immer. In meiner Jugend war auf Platz eins Beethoven und irgendwann wohl auch Bach. Vielleicht, frage ich ganz schüchtern, ist es unergiebig und überflüssig, ein derartiges Wettrennen der Genies zu veranstalten?

*Lesbarkeit und Umfang sind für Sie
beachtliche Größen. Ist die Lektüre sehr
umfangreicher Romane nur Pflicht für
leidensfähige Kritiker?*

In der Tat werden sehr umfangreiche Romane
vor allem von Literaturprofessoren, Kritikern
und Lektoren gelesen und natürlich von Studenten, die sich auf ihre Prüfungen vorbereiten. Ich habe einmal den Satz gefunden:
Alle Bücher sind zu lang, mit Ausnahme von
Telefonbüchern. Ich glaube, diese Weisheit
stammt von Hans Magnus Enzensberger. Von
dem Schweizer Adolf Muschg schätze ich vor
allem zwei Erzählbände: *Fremdkörper* (1968)
und *Liebesgeschichten* (1972). Meine Kritik der
Fremdkörper endet mit den Worten: »Das ist
ein Buch für Leser.« Auch die Rezension des
anderen Bandes endet mit entschiedener Zustimmung. Dann habe ich mich einige Zeit
mit anderen Autoren befasst.

1993 erschien Muschgs Roman *Der Rote
Ritter*. Der Stoff interessierte mich, doch als
ich den Umfang sah (1006 Seiten!), verzichtete
ich sofort auf die Lektüre. Autor und Verlag
versuchten, mich zu überreden: In dem Buch
seien sehr gute Kapitel und Abschnitte. Das

mag ja sein, aber ich habe nicht die Zeit, die Rosinen in diesem gigantischen Kuchen zu suchen. Muschg wird mir vielleicht antworten, dass Thomas Manns *Joseph und seine Brüder* und so weiter. Ich würde wohl erwidern, dass Bücher von Genies nicht als Argumente verwendet werden sollten. Bis heute habe ich vom *Roten Ritter* keine Zeile gelesen. Es ist nicht ausgeschlossen, dass mir Vorzügliches entgangen ist.

Beim Wiederlesen finde ich das Werk
Joseph Roths ziemlich ungleichmäßig in
seiner künstlerischen Qualität. Gibt es
Romane Roths, die auch Sie für misslungen halten?

Nur Dilettanten und Nichtskönner produzie-
ren laufend auf demselben Niveau. Talente
oder gar Genies schreiben nicht nur das, was
sie schon können, sondern versuchen zu
schreiben, worum sie sich noch nie bemüht
haben. Dabei kann das Neue misslingen. Auch
bei Shakespeare gibt es schwache oder doch
zumindest schwächere Stücke, auch bei Balzac
dürftige Romane, auch bei Tolstoi langweilige
Kapitel, auch bei Thomas Mann enttäuschende Novellen.

Joseph Roth war sein Leben lang auf die
Einkünfte von seinen schriftstellerischen Arbeiten angewiesen. Vieles hat er schnell verfasst und, kaum korrigiert, an die Redaktion
geschickt – und schon das musste dazu führen, dass die Niveauschwankungen innerhalb
seines Werks oft unverkennbar und bisweilen
groß, ja, ärgerlich sind. Wer sich gezwungen
sah, Fortsetzungsromane für Zeitungen zu
schreiben (und das hat auch Dostojewski

getan), und wer, der Not gehorchend, nicht selten die ersten Kapitel seines Romans drucken ließ, bevor das Manuskript des ganzen Romans abgeschlossen war, der war sich dessen bewusst, was das zur Folge haben musste.

So gibt es unter den vielen Romanen von Joseph Roth natürlich auch solche, die mehr oder weniger misslungen sind. Aber auch in diesen Romanen findet sich in der Regel genug, um ihre Lektüre zu einem Vergnügen zu machen. Dies gilt vor allem für eingeschobene Miniaturen, für poetische Impressionen, für ironische Schilderungen und traurig-humoristische Episoden, die häufig mit der eigentlichen Handlung nur in einem losen Zusammenhang stehen.

Doch sündigte Roth nie gegen die Natürlichkeit des Tonfalls. Er liebte weiche Farben und harte Konturen. In seinen meist wortkargen Dialogen wird das Entscheidende durch die Pausen ausgedrückt: Das Schweigen seiner Helden hat unendlich viele Schattierungen. Er liebte die Anmut mehr als die Gewichtigkeit. Ein herzlicher Analytiker war er und ein disziplinierter Plauderer. Noch aus dem Lebensüberdruss vermochte er Meisterwerke der Liebenswürdigkeit zu schaffen.

Daniel Kehlmann, der Autor des zu Recht erfolgreichen Romans *Die Vermessung der Welt,* wurde in einem Interview gefragt, ob er nicht bei neuen Büchern mitunter den Eindruck habe, »da hätte ein ordentliches Lektorat nicht geschadet«. Kehlmann antwortete: »Eher bei alten Büchern. Zum Beispiel bei *Krieg und Frieden,* den *Verlorenen Illusionen* oder *Effi Briest.* Da sind viele Stellen, die ein aufmerksamer Lektor gestrichen oder gestrafft hätte.« Was ist davon zu halten?

»Und man siehet die im Lichte, die im Dunkeln sieht man nicht« – heißt es in der *Dreigroschenoper.* Die Autoren sind es, die, wenn es gut geht, im Lichte stehen. Und die Lektoren bleiben, was immer auch geschieht, im Dunkel. Sie entdecken und fördern, beraten und erziehen, stimulieren und kontrollieren. Sie werden als Marktkenner und Feinschmecker, als Korrepetitoren und Mentoren gebraucht, sie müssen sich sogar als Beichtväter bewähren. Sie dienen der Literatur als Hebammen – und bisweilen lieben sie die Kinder ihrer Schützlinge, als wären es ihre eigenen.

Von allen Aufgaben des Lektors scheint mir keine wichtiger zu sein als diejenige, begabten Autoren, jüngeren zumal, zur Selbstverwirklichung zu verhelfen. Letztlich will der Verlagslektor, der literarische Werke betreut – in dieser Hinsicht dem Kritiker ähnlich –, nur eins: zu schriftstellerischen Leistungen beitragen.

Somit ist er imstande, auf die zeitgenössische Literatur einen (in Ausnahmefällen beträchtlichen) Einfluss auszuüben. Über den tatsächlichen Anteil der Lektoren an den publizierten Büchern, der sich übrigens fast nie ermitteln lässt, wird die Öffentlichkeit in der Regel nicht informiert.

Jedenfalls geht, was vom Lektor erwartet wird, auf keine Kuhhaut. Er muss natürlich intelligent, gebildet und fleißig sein, bescheiden und taktvoll. Was gut in dem schließlich erschienenen Buch ist, geht auf die Rechnung des Autors, das Schwache, Verfehlte und Missratene, versteht sich, hat der Lektor übersehen, wenn nicht verschuldet. So ist es immer. Und auf das, was er an Fehlern und Mängeln, die im Manuskript waren, beseitigt oder verhindert hat, kann er natürlich stolz sein, aber er muss es unbedingt für sich behalten. Diskretion gehört zum Beruf des Lektors – wie des Frauenarztes.

Sicher ist – und das hat Daniel Kehlmann treffend gesagt –, »ein Lektor kann aus einem mittelmäßigen Buch kein Meisterwerk machen«. Aber stimmt seine Ansicht, dass ein Meisterwerk durch Längen, Wiederholungen und überflüssige Stellen schlechter werde? Recht hat er, doch mit der Einschränkung, dass derartige Mängel die Lektüre des Buches mühsamer machen und nicht selten die Zahl seiner Leser verringern. Gute Lektoren können es erreichen, dass die Texte glatter, fehlerloser, perfekter werden – und hier und da auch leichter lesbar. Doch ob sie wirklich nennenswert besser werden, ist zumindest sehr zweifelhaft.

Dass in Romanen der Weltliteratur der Lektor manches hätte streichen sollen, ist schon richtig. Vielleicht hat er es gewagt, Honoré de Balzac oder Leo Tolstoi einen entsprechenden Vorschlag zu machen, aber die Herren waren eigensinnig. Was soll man heute tun? Ich meine: nichts.

Werke, die Jahrhunderte glanzvoll überdauert haben, soll man nicht unserem Geschmack anpassen. Wenn man damit anfängt, dann wird man sie alle zehn oder zwanzig Jahre neu bearbeiten, neu zurechtstutzen müssen. Die so entstehenden Fassungen längst bewährter Romane würden niemandem dienen, wohl aber ein großes Durcheinander zur Folge haben. Auch Kehlmanns Roman *Die Vermessung der Welt* soll bleiben, wie er ist.

Als Kind liebte ich Karl May, ich war enttäuscht, als unsere Lehrerin mir erklärte,
dies sei »Trivialliteratur«. Was halten
Sie von diesem Autor?

Eine schwierige Frage. Aber Ihre Lehrerin
sieht die Sache richtig. Das ist tatsächlich
Trivialliteratur. Gehört Karl May vielleicht
deshalb zu den meistgelesenen europäischen
Prosaschriftstellern? Dennoch habe ich nichts
dagegen einzuwenden, dass Kinder und Ju-
gendliche, wenn es ihnen Spaß bereitet, vorübergehend Karl May lesen. Er genierte sich
nicht, die billigsten literarischen Mittel zu ver-
wenden. Auch vor den ärgsten Primitivismen
schreckte er nicht zurück. Sentimentalitäten
hat er nie gemieden. Doch seine Gesamtauf-
lage in deutscher Sprache beträgt (angeblich!)
achtzig Millionen Exemplare.

Jeder außerordentliche Erfolg hat Gründe,
die nicht immer leicht zu erkennen sind. Der
wichtigste im Fall Karl May: Seine Phantasie
ist, ich gebe es zu, bewundernswert. Denn er
ist nach Nordamerika und auch in den Vor-
deren Orient erst dann gereist, als schon die
meisten seiner Bücher veröffentlicht waren.
Und er beherrschte die Kunst, spannende

Geschichten zu schreiben. Trivialliteratur? Ja, aber alles in allem war er doch ein beachtlicher, ein, man muss es zugeben, erstaunlicher Erzähler.

Auch ich habe seine Romane einige Zeit gern gelesen. Ich war damals elf oder zwölf Jahre alt, ich habe es, wenn ich mich recht entsinne, auf (immerhin!) sechs seiner nicht dünnen Bände gebracht, insgesamt gab es schon beinahe sechzig. Im Gedächtnis hat sich mir vor allem die hochpathetische Trilogie *Winnetou* eingeprägt und *Der Schatz im Silbersee*.

Aber dann hatte ich von diesen hübschen grünen Bänden, die man von Schulfreunden leihen konnte, genug. Warum? Ich weiß es nicht mehr genau. Doch musste es mit dem Helden und Ich-Erzähler der in Nordamerika spielenden Bücher Karl Mays zu tun haben, mit Old Shatterhand. Er war schon ein märchenhaft großartiger Mensch: der Klügste, der Stärkste, der Mutigste, der Selbstloseste, der beste Schütze und Ringkämpfer weit und breit, er war edel, hilfreich und gut.

Heroisch rettete er die Bedrängten und die in Not Geratenen, stets war er auf der Seite der unterdrückten Völker, zumal der Indianer. Und zugleich war Old Shatterhand, was uns

Berliner Schülern der dreißiger Jahre besonders verächtlich vorkam – ein unerträglicher Wichtigtuer, ein ganz großer Angeber. Er behandelte die Bösewichter, wie sie es verdienten, er sorgte immer für Ordnung und Gerechtigkeit – wenn nicht mit der bloßen, mit der eisernen Faust, dann doch mit einer ungewöhnlichen Waffe, einer wahren Wunderwaffe. Heute erinnert uns dieses Wort an den Zweiten Weltkrieg. Mit der deutschen Wunderwaffe waren damals jene großen Hoffnungen verknüpft, die nie in Erfüllung gegangen sind.

»Und es mag am deutschen Wesen / Noch einmal die Welt genesen.« Diese Verse des inzwischen vergessenen Poeten Emanuel Geibel aus Lübeck kannte ich damals wohl nicht. Aber es ging mir schon auf die Nerven, dass es bei Karl May immer ein Deutscher war, der in seinen Romanen dafür sorgt, dass am Ende natürlich das Gute siegt.

Vielleicht muss man Karl May durchmachen wie die Masern. Jedenfalls wünsche ich allen Lesern, dass sie diese Periode rasch überwinden. Doch den unverbesserlichen Karl-May-Enthusiasten will ich noch als Trost eine kleine (wahre!) Geschichte erzählen. Im

Januar 1967 diskutierte ich in Tübingen mit dem alten, damals sehr berühmten Philosophen Ernst Bloch – es war eine Aufzeichnung für den Rundfunk – über allerlei, und bald kam Bloch auf den von ihm sehr geschätzten Karl May zu sprechen. Er sei einer der farbigsten und bedeutendsten Erzähler der deutschen Literatur.

Ich erlaubte mir, dieses Lob etwas einzuschränken und den doch dürftigen Stil des *Winnetou*-Autors zu beanstanden. Bloch war anderer Ansicht: Hier sei, meinte er, die Sprache des Erzählers seinem Stoff, seinen Figuren und Motiven vollkommen angemessen. Das schien mir keineswegs eine logische, hingegen eine zweideutige Äußerung – und ich widersprach nicht mehr.

In jungen Jahren habe ich mit Begeisterung die Romane von Charles Dickens
gelesen. Inzwischen hört man wenig von
ihm. Was halten Sie von Dickens, und
welches Werk ist sein wichtigstes?

Es stimmt nicht, dass man von Charles Dickens heute nur wenig höre. Jedoch: Seine
Hauptwerke, die Romane *Die Pickwickier*,
Oliver Twist und *David Copperfield*, sind in der
ersten Hälfte des neunzehnten Jahrhunderts
erschienen. Sie sind immer noch gut und wurden auch mehrfach (zum Teil hervorragend)
verfilmt, zuletzt *Oliver Twist* im Jahre 2006.

Ich habe diese drei Romane vor bald siebzig
Jahren gelesen und auch beinahe alle Filme
gesehen – mit Interesse und Respekt und mit
viel Vergnügen. Am meisten hat mich *David
Copperfield* beeindruckt. Ob mein Urteil jetzt
noch gilt? Ich weiß es nicht. Ich müsste den
Roman, um dieses Urteil zu überprüfen, noch
einmal lesen. Ich werde es nicht tun. Wundert
Sie das? Aber ohne abermalige Lektüre kann
ich nicht bestätigen, dass es Dickens war, der
die Nützlichkeit der Romanform für die Gesellschaftskritik entdeckt hat und sich damit
große Verdienste erworben hat.

Ich habe gerade das vielgelobte Buch
Masse und Macht von Elias Canetti gelesen und fand darin nur Wortgeklingel und
banale Phrasen. Ist das Buch überschätzt?

Wie immer Elias Canettis Bücher zu beurteilen sind – es spricht für seine Bewunderer und
Verehrer, dass sie sich keinen leichteren und
bequemeren Schriftsteller ausgesucht haben.
Und was immer ihm vorgeworfen werden
muss, an Format fehlt es seinen Versuchen
am wenigsten.

Als Canettis Roman *Die Blendung* zum
ersten Mal erschienen war – 1935 in Wien –,
sprach Thomas Mann von einer »gewissen er-
bitterten Großartigkeit seines Wurfes«. In der
Tat: Was Canetti angestrebt oder zumindest
skizziert hat, ist von »erbitterter Großartigkeit«. Nur kann er ihr kaum gerecht werden.
Es sind Versprechen, auf deren Einlösung man
vergeblich warten muss, es sind Schecks, die
sich in keiner Valuta decken lassen.

Das trifft ebenso auf seine Dramen zu,
denen nahezu genialische Einfälle zugrunde
liegen und die dennoch letztlich enttäuschen,
wie auch auf den Roman *Die Blendung*. Dieses monströse epische Unternehmen ist ein

Gleichnis vom Intellektuellen in unserem Jahrhundert. Aber so grandios die Konzeption, so dubios ist ihre Realisation. Es ist ein auf höchster Ebene missratener Roman.

Ähnlich verwegen ist Canettis Buch *Masse und Macht*, eine weit ausholende kultursoziologische und geschichtsphilosophische Studie. Es ist ein herausforderndes und zumindest streckenweise fesselndes Werk. Allerdings: Die im Titel angedeutete Frage wird auf über fünfhundert Seiten abgehandelt, doch ohne die Namen Karl Marx und Sigmund Freud zu erwähnen oder sie wenigstens im langen Literaturverzeichnis anzuführen.

Während aber in der *Blendung* der Philosoph und Wissenschaftler gelegentlich den Romancier verdrängt, kommt in *Masse und Macht* überraschend auch der Erzähler zu Wort. Und während große Teile der *Blendung* an des Gedankens Blässe leiden und von Sterilität bedroht sind, macht Canettis künstlerisches Temperament in der gewichtigen Studie über *Masse und Macht* auch jene Partien reizvoll und attraktiv, die zu entschiedenem Widerspruch nötigen.

Diese beiden Hauptwerke hinterlassen also einen unbeabsichtigt quälenden und höchst zwiespältigen Eindruck. Zu dem Respekt vor Canettis Geist und Talent, seiner Energie und seiner Konsequenz gesellt sich immer auch der Verdacht, dass er das augenscheinliche und so störende Missverhältnis zwischen Aufwand und Ergebnis wohl hätte überwinden können, wenn er nur bereit gewesen wäre, auf seine kolossalen und waghalsigen schriftstellerischen Kraftakte zu verzichten.

Es wird immer wieder behauptet, die
Bücher der israelischen Autorin Zeruya
Shalev seien typische Frauenliteratur.
Was zeichnet diese Romane aus?

Es zeichnet sie aus: erstens Intelligenz, zweitens Qualität. Ob es sich um Frauenliteratur handelt, weiß ich nicht. Denn was ist denn Frauenliteratur? Literatur von Frauen, für Frauen, über Frauen? Unter uns: Ich weiß es nicht, und ich möchte es nicht wissen.

Hingegen weiß ich sehr wohl, dass sich Ricarda Huch, Anna Seghers oder Ingeborg Bachmann von ihrem jeweiligen Gesprächspartner, wenn er ihre Bücher für Frauenliteratur hielt, rasch abwandten. Einen Interviewer soll die zarte Bachmann bei dieser Gelegenheit sogar kräftig geohrfeigt haben. Ich glaube es nicht, aber wenn, dann hatte er es verdient.

> Was ist Ihre Meinung zu Gustav Freytags
> *Soll und Haben?* Viele behaupten, Frey-
> tag lasse in dem Breslauer Kaufmanns-
> roman – latent oder offen – antisemitische
> Gedankengänge erkennen. Für mich – ich
> bin in Breslau geboren – stand eher das
> allgemeine Geschehen in meiner Heimat-
> stadt im Mittelpunkt des Interesses.

Jawohl, Gustav Freytag war ein Autor mit
starken antisemitischen Tendenzen und keineswegs nur latenten. So gibt es in seinem
einst populären und heute längst vergessenen
Lustspiel *Die Journalisten* die abstoßende Figur
eines opportunistischen jüdischen Journalisten namens Schmock. In dem außerordentlich
erfolgreichen Roman *Soll und Haben* spielt
der widerliche Jude Veitel Itzig, übrigens ein
Mörder, eine wichtige Rolle.

Theodor Fontane hat die unzweifelhaft ju-
denfeindliche Tendenz des Romans *Soll und
Haben* negativ vermerkt und gefragt: »Wohin
soll das führen?« Er konnte es nicht wissen,
wohin das geführt hat, aber wir wissen es sehr
genau.

Andererseits sollte man nicht übersehen,
dass Freytag später von seinem Antisemitis-

mus abgerückt ist. Auf Richard Wagners Abhandlung über *Das Judentum in der Musik* hat er sehr scharf reagiert. An den verheerenden Folgen des Romans *Soll und Haben* hat das nichts mehr ändern können.

Ich kann mich schwerlich damit abfinden, dass der am »allgemeinen Geschehen« interessierte Leser die antisemitischen Elemente in *Soll und Haben* einfach ignoriert oder bestenfalls bagatellisiert.

Was halten Sie von der Bühnenbearbei-
tung von Romanen?

Diese Frage ist mir schon mehrfach gestellt
worden. Das zeugt wohl davon, dass manche
unserer Leser unsicher sind, wie man solche
Produkte der Literatur beurteilen sollte. Um
es gleich zu sagen: nicht etwa ablehnend, aber
doch skeptisch. In den meisten Fällen sind
es weltberühmte Romane, die man gern auf
die Bühne bringt, also Romane beispielsweise von Honoré de Balzac (*Eugénie Grandet*),
Gustave Flaubert (*Madame Bovary*), Leo Tolstoi (*Krieg und Frieden*), Fjodor Michailowitsch
Dostojewski (*Verbrechen und Strafe*, früherer
Titel *Schuld und Sühne*). Die Intendanten
greifen zu diesen Romanen, wenn sie den
Eindruck haben, dass der Vorrat an klassischen
Dramen wieder einmal erschöpft ist. Manche Aufführungen von Romanbearbeitungen
gehen auf Vorschläge oder Bitten bekannter
Schauspielerinnen zurück. Ob die szenische
Fassung besser oder schlechter ist – man soll-
te sie befürworten, wenn sie zur Folge hat,
dass Leser, die diesen oder jenen berühmten
Roman bisher nicht gelesen haben, das jetzt
nachholen. Allerdings sollte man sich keine

Illusionen machen: Ich kenne keinen einzigen Roman, der einen ständigen Platz auf der Bühne gefunden hätte, es sei denn, es handelt sich um Opern. Doch wer liest nach einer *Bohème*-Aufführung den Roman von Henri Murger, der der Puccini-Oper zugrunde liegt? Ich jedenfalls kann diese Lektüre nicht empfehlen.

Schreiben berauschte Schriftsteller bessere Bücher? Schreiben Sie manchmal im Rausch? Oder gibt es klares Schreiben nur mit klarem Kopf?

Ich glaube nicht, dass berauschte Schriftsteller bessere Bücher schreiben, ich habe noch nie versucht, etwas Ernstes im Rausch zu schreiben, ja, ich bin überzeugt davon, dass man klar nur mit klarem Kopf schreiben kann. Damit könnte ich meine Antwort abschließen. Aber ich erinnere mich an einen kleinen und wichtigen Aufsatz von Thomas Mann. Als er einmal eine Novelle (ich glaube, es war die *Schwere Stunde*) unbedingt noch nachmittags fertig machen musste, habe er eine halbe Flasche Champagner zu Hilfe gezogen. Dies kommentierte Thomas Mann so: »Aber es handelte sich dabei weniger um Stimulation als um Beruhigung … Im Allgemeinen halte ich nicht das Geringste von der ›Inspiration‹ durch Alkohol – ich glaube nicht daran.« Es gibt Situationen, in denen der Alkohol in ganz kleinen Mengen dem Schriftsteller zu helfen vermag. Er kann seine Hemmungen, seine Skrupel und Bedenken nicht beseitigen oder betäuben, aber reduzieren oder einschränken.

Finden Sie es gut, dass nach dem Tode von Schriftstellern ihre Briefwechsel veröffentlicht werden?

Soll damit etwa behauptet werden, dass posthume Briefpublikationen immer üblich seien? Offenbar, nur stimmt es nicht. Von den meisten Schriftstellern werden nach ihrem Tod keine Briefe gedruckt. Es ist weder möglich noch nötig. Auch dann nicht, wenn diese Autoren ausdrücklich verfügt haben, dass die Veröffentlichung ihrer Briefe erfolgen soll. Es muss sich ja noch jemand finden, der dies zu finanzieren bereit ist.

Dass die meisten Sammlungen lediglich eine Auswahl der erhaltenen Briefe sind, versteht sich von selbst. Denn manche Briefe mögen zwar für die Wissenschaftler von Bedeutung sein, doch nicht für das Publikum. Von allgemeinem Interesse ist natürlich die Korrespondenz der ganz großen Autoren, von Goethe und Schiller, von Lessing und Hölderlin, von Thomas Mann oder Franz Kafka. Thomas Mann hat seine Briefe von einem bestimmten Zeitpunkt an mit dem Blick auf die Nachwelt geschrieben, nein, diktiert. Das wissen wir von seinen Sekretärinnen, die übrigens verblüfft waren, dass er das einmal (in der Regel ziemlich rasch) Diktierte beinahe nie zu korrigieren brauchte. Es gibt Briefe von ihm, die in Wirklichkeit nicht von ihm stammen, sondern von seiner Frau. Thomas Mann war, zumal in der Emigration, häufig überlastet, die fleißige Ehefrau half aus. Und sie imitierte seinen Stil so glänzend, dass Thomas Mann nach Jahren in manchen, sehr seltenen Fällen nicht sicher erkennen konnte, wer sie denn nun in Wirklichkeit verfasst hatte.

Von ganz anderer Art sind die Briefe Kafkas, die sich ähnlich wie die Korrespondenz Thomas Manns als Zeitdokumente des höchsten Ranges erweisen und zugleich eine Fülle persönlicher Bekenntnisse enthalten. Aber Kafkas Briefe sind nicht für die Nachwelt bestimmt, sondern für die Familie (zumal für die Schwester Ottla), für Freunde (etwa Max Brod) und Freundinnen (für Felice, für Milena und andere). Für Kafka gilt ebenso wie für Thomas Mann: Seine Briefe gehören zu dem kaum zu überschätzenden Teil seines literarischen Werks.

Ein hervorragender, wenn auch ganz anderer Briefschreiber war Theodor Fontane. Seine zahllosen Briefe, bis jetzt bei Weitem nicht alle gedruckt, sind originell und amüsant. Es sind in den meisten Fällen schriftliche Plaudereien, bisweilen zehn oder noch mehr Stück, an einem einzigen Tag leicht und flott geschrieben. Sie enthalten immer wieder muntere Mitteilungen und oft aufschlussreiche, unterhaltsame und belehrende Berichte. Kurz und gut: Würde irgendjemand auf die wahnsinnige Idee kommen, die posthume Veröffentlichung von Schriftstellerbriefen generell zu verhindern – aber ich glaube nicht, dass auch nur ein einziger Leser dies ernsthaft wünscht –, wäre dies eine unvorstellbare Barbarei.

Wird der Literaturkritiker im Alter eher milde oder eher zornig?

Das ist eine klare und einfache Frage. Dennoch fällt es mir schwer, sie zu beantworten. Denn eine Regel gibt es hier, glücklicherweise, nicht. So ist es denn eine ganz und gar individuelle Angelegenheit. Freilich trifft es zu, dass Frauen ebenso wie Männer oft im Alter ungeduldiger und nachlässiger werden. Das merkt man leider, wenn es um Schriftsteller oder Journalisten geht, nicht selten auch an ihrem Stil. Es hat schon seinen Grund, dass Redakteure ungern an den Manuskripten der Siebzig- und Achtzigjährigen arbeiten. Letztlich kann sich jeder, auch der Kritiker, im Alter so verhalten, wie es ihm passt. Das mag eine enttäuschende Antwort sein, ich weiß es. Aber bisweilen sollte man den Mut zu ebensolchen Antworten haben.

Sie haben sich einstmals mit großer
Geste und »nicht ohne Wehmut« von
Heinrich Mann und dessen Werk ver-
abschiedet. Doch einige seiner Werke
wie *Der Untertan* und *Henri Quatre*
sind bis heute populär. Haben Sie sich
damals getäuscht?

Nein, ich glaube nicht, dass ich mich damals – es war 1987 – getäuscht habe. Aber Sie
zitieren mich ungenau, also: Zwei Romane
von Heinrich Mann (ich nannte damals den
Untertan und *Professor Unrat*) hätten mich in
meiner Jugend »amüsiert und nachhaltig beeindruckt«. Das ist wohl eindeutig genug.

Ich schrieb ferner: »Diese Wut steckte an,
dieser Zorn ließ nicht nach. Wer solche Bücher
geschrieben hat, der muss, dachte ich, ein ganzer
Kerl sein. Heute, nach einem halben Jahrhundert, ist das Feuer erloschen: Unter der Asche
freilich glüht es noch hier und da. So lese ich
jetzt beide Romane nur als wichtige und ehrenwerte Dokumente im Archiv der deutschen
Literaturgeschichte unseres Jahrhunderts.«

Wichtige und ehrenwerte – haben Sie
das übersehen? »Es wird wohl Zeit, sich von

Heinrich Mann zu verabschieden – mit Respekt, versteht sich, und auch mit Dank.«

Die Behauptung, dass der *Untertan* und *Henri Quatre* bis heute populär seien, trifft nicht zu. Außerdem würde dies nichts beweisen. Es gibt allerlei populäre Bücher, deren literarische Qualität fragwürdig ist – von Karl May bis Hedwig Courths-Mahler.

Hat je ein Schriftsteller bessere Novellen geschrieben als Guy de Maupassant?

Es stimmt schon, dass Guy de Maupassant ein ganz vorzüglicher Novellist ist. Aber es gibt auch andere Novellisten von hohem und höchstem Rang – beispielsweise den Russen Anton Tschechow. Diese Fragestellung (wer war der allerbeste Romancier oder Dramatiker oder eben Novellist?) ergibt nicht viel, unter anderem, weil oft Autoren aus verschiedenen Epochen oder Sprachwelten miteinander verglichen werden. Das ist immer heikel und nur in Ausnahmefällen aufschlussreich. Wer war der größere Dramatiker: Sophokles oder Shakespeare, Ovid oder Rilke?

Nach der Offenlegung der Vergangenheit von Günter Grass als SS-Mann sehe ich Grass als verlogenen Egoisten. Sind Sie auch der Meinung, dass das Werk von Grass – immerhin zuweilen Abiturstoff – wegen Unglaubwürdigkeit neu interpretiert werden muss oder sogar vom Lehrplan gestrichen werden sollte?

Das gilt auch für Heinrich von Kleist, Rainer Maria Rilke und Thomas Mann, und vielleicht auch für William Shakespeare. Dass das Werk als Abiturstoff verwendet wird, ist sehr erfreulich – und so sollte es bleiben. Sollte man es neu interpretieren? Jawohl, alle bedeutenden Werke der Literatur sollten von Zeit zu Zeit neu interpretiert werden.

Lassen sich nicht ähnliche, wenn auch ideologisch anders eingefärbte Argumente gegen Bertolt Brecht und sein Werk anführen wie gegen Ernst Jünger? Und wer liest noch mit feurigen Augen Brecht?

Nein, ich glaube nicht, dass man Bertolt Brecht mit Ernst Jünger vergleichen sollte. Man sollte zunächst einmal den Unterschied zwischen dem Kommunismus und dem Nationalsozialismus begreifen. Dass Brecht heute noch mit »feurigen Augen« gelesen wird, dessen bin ich ganz sicher. Er ist, glaube ich, der größte deutsche Dichter des zwanzigsten Jahrhunderts.

Gelegentlich versucht man, Rainer Maria Rilke gegen Brecht auszuspielen. Das ist in der Tat nur ein Spiel − und ein überflüssiges obendrein. Ich vermeide es zu sagen, was von der deutschen Literatur des vorigen Jahrhunderts bleiben wird. Aber eine Ausnahme scheint mir doch zulässig. Und es gibt nur eine Ausnahme: eben Brecht.

Ich bin ein Freund Phantastischer Literatur, und am liebsten lese ich Bücher von Jules Verne. Was halten Sie von Verne?

Im Alter von elf, zwölf Jahren habe ich einige Bücher von Jules Verne gelesen. Dann habe ich aufgehört, sie zu lesen, und bin nie zu ihnen zurückgekehrt. Ist mir viel entgangen? Jedenfalls habe ich Verständnis für Sie, der Sie Verne treu geblieben sind. Die Beschäftigung mit Literatur ist – unter anderem – eine gute Schule der Toleranz.

5
Eine Rose ist nicht nur eine Rose

Fragen zu Wissenswertem
quer durch die Weltliteratur

> In den siebziger Jahren haben Sie Wolf
> Wondratschek als einen der begabtesten
> jungen deutschen Lyriker gelobt. Halten
> Sie an dieser Einschätzung fest?

Ich habe schon in den sechziger Jahren auf
Wolf Wondratschek lobend hingewiesen. Als
er 1969 mit einem kleinen Prosaband debü-
tierte, schrieb ich in der *Zeit* den schlichten
Satz: »Dieser Autor gefällt mir.« Bedauert habe
ich das nie, doch oft ist mir der Wondratschek,
mit Verlaub, auf die Nerven gegangen, vor
allem mit seinen Lieblingsthemen (Nutten
und Bordelle). Er hat mich bisweilen geärgert,
gleichwohl schätze ich ihn nach wie vor.

Man muss ihm viel vergeben, denn wir
verdanken ihm eine Anzahl schöner, mit den
Jahren gar nicht verwelkter Gedichte. Er
wurde zum Sprecher der 68er-Generation.
Nur: Diejenigen, die damals ihre Hoffnungen an die Studentengeneration knüpften,
stehen in seinen Versen – und darauf kommt
es an – für alle Geprellten, Gestrandeten und
Gescheiterten, für die Enttäuschten und Betrogenen. Nicht die Liebe besingt er, sondern die Sehnsucht, den Hunger nach Liebe.
Er ist ein Poet des stillen Leids der kleinen

Leute, der verpassten Chancen und der großen Vergeblichkeit.

Als ich mich einmal mit dem unvergesslichen Publizisten Sebastian Haffner über zeitgenössische deutsche Lyrik unterhielt und Wondratschek lobte, fragte er mich misstrauisch: Schreibt er moderne Gedichte oder richtige Gedichte? Er wird von seinen Anhängern gern und schon lange als Rock-Poet bezeichnet und als Autor von Pop-Texten gepriesen. Er hat ein wenig von Kurt Tucholsky und Walter Mehring gelernt, von Erich Kästner und Bertolt Brecht. Doch wie groß seine bewussten und unbewussten Anleihen auch sein mögen – den ihm bisweilen nachgerühmten »Wondratschek-Sound« gibt es tatsächlich. So ist das nämlich: Man wird nicht Kultautor ohne Grund. Als ich Haffner ein besonders schönes Gedicht Wondratscheks vorlas, nickte er zustimmend und sagte beinahe gerührt: »Wer hätte gedacht, dass ein solcher Autor ein solches Sonett schreiben kann.« Er ist, sagte ich Haffner, ein moderner und dennoch ein richtiger Poet.

Sie behaupten ständig, dass Bertolt Brecht überhaupt kein politischer Mensch gewesen sei. Wie definieren Sie »ein politischer Dichter«?

Der Begriff »ein politischer Dichter« ist nicht schwer zu definieren. Gemeint ist ein Autor, der sich vor allem für Politik interessiert und über Politik schreibt. Aber ich habe nie gesagt, Brecht sei »überhaupt kein politischer Mensch« gewesen, noch habe ich dies »ständig« wiederholt. Doch ist mir das entstellte Zitat willkommen, weil ich bei dieser Gelegenheit auf einiges über Brecht hinweisen kann.

Er stelle sich oft ein Tribunal vor – sagte Brecht in einem Gespräch –, dem er die Frage beantworten müsse, ob es ihm »eigentlich ernst« sei: »Ich müsste dann anerkennen: Ganz ernst ist es mir nicht. Ich denke ja auch zu viel an Artistisches, an das, was dem Theater zugutekommt, als dass es mir ganz ernst sein könnte.«

Diese von Walter Benjamin überlieferte Äußerung ist eine Schlüsselstelle für das Verständnis des Phänomens Brecht. Dass er die Literatur und die Philosophie und alle Künste stets aus der Perspektive des Theaterautors sah, ist bekannt. Aber er hat aus dieser Perspektive das ganze Leben gesehen, auch die Politik. Als ihm 1941 sein Stück *Der gute Mensch von Sezuan* zu lang geraten schien, notierte er: »das stück beweist, dass die neue dramatik eine kürzung der arbeitszeit verlangt ...«

Hier verbirgt sich der entscheidende Unterschied zwischen ihm und vielen seiner Jünger: Die Brechtianer wollen ein Theater, das die kommunistische Gesellschaft ermöglichen soll, Brecht will die kommunistische Gesellschaft, damit sie sein Theater ermöglicht. 1942 meinte er nach einem Gespräch mit der Schauspielerin Elisabeth Bergner, »dass sie das publikum nicht als eine versammlung von weltänderern sieht, die einen bericht über die welt entgegennehmen«.

Ungleich skeptischer, ungleich klüger als viele seiner Schüler und Nachfolger, war er sich wohl darüber im Klaren, dass die Politik das Theater verderben könne, doch niemals das Theater die Politik zu verbessern imstande sei. Die von ihm gelegentlich beschworene »versammlung von weltänderern« war nichts anderes als eine Fiktion. Natürlich hat er es gewusst. Indes wollte er sich von ihr auf keinen Fall trennen: Was seine Bewunderer oft für bare Münze nahmen und auch nehmen sollten, war für ihn selbst ein Hilfsmittel, das er pragmatisch und bisweilen zynisch anwandte, nichts anderes als eine generelle Arbeitshypothese für eine literarische Produktion.

Er glaubte, dass seine Stücke um ihrer künstlerischen Wirkung willen auf pädagogische Ingredienzien angewiesen seien und ohne politische Intentionen nicht auskommen könnten. Nicht der Kampf war seine Sache, sondern das Spiel. Als Lehrer wollte er unbedingt gelten. Aber letztlich war er doch kein Lehrer und kein Volkserzieher. Er war ein leidenschaftlicher Verführer.

Möglichst alle wollte er verführen: Frauen und Männer, Junge und Alte, Künstler und Politiker. Und nirgends schienen ihm die Menschen so verführbar wie im Zuschauerraum des Theaters. In unzähligen Ländern haben Millionen von Menschen Brechts Stücke gesehen. Dass aber einer dadurch »seine politische Denkweise geändert oder auch nur einer Prüfung« unterzogen hätte, wagte Max Frisch zu bezweifeln. Er zweifelte sogar, dass Brecht an die erzieherische Wirkung seines Theaters tatsächlich geglaubt habe. Bei den

Proben hatte er, Frisch, den Eindruck: Auch der Nachweis, dass sein Theater nichts zur Veränderung der Gesellschaft beitragen könne, hätte Brechts Bedürfnis nach Theater nicht beeinträchtigt.

Kurz und gut: Die Politik spielte in Brechts Leben schon eine wichtige Rolle. Aber ein politischer Mensch oder ein politischer Autor war dieser große Künstler mit Sicherheit nicht.

Arnold Zweig scheint im Westen Deutsch-
lands nur wenig gelesen zu werden.
Wie schätzen Sie die Bedeutung seiner
Romane ein?

Ähnlich wie Anna Seghers war Arnold Zweig
der repräsentative Autor der DDR. Viele Jahre lang war er dort der wohl am meisten
gerühmte Schriftsteller. Eben deshalb wurde
er in der Bundesrepublik kaum gedruckt und
geriet rasch in Vergessenheit. Nie wollte man
ihm, dem Bürger und Liberalen, seine Entscheidung zugunsten des Ostens verzeihen.

Die Biographie Arnold Zweigs (er wurde
1887 in Schlesien geboren und starb 1968 in
Ost-Berlin) ist die Geschichte eines Mannes,
in dessen Persönlichkeit Deutschtum, Judentum und Preußentum zu einer Einheit zu-
sammengefunden haben, an der selbst die
schrecklichsten Geschehnisse nicht viel zu
ändern vermochten.

Er begegnete der Umwelt mit der lu-
ziden Skepsis der Juden und zugleich mit
der gradlinigen Einfachheit und der strengen Nüchternheit der Preußen. Der Staat
als höchste Einheit von Recht und Moral,
von Geist und Tat – das war Zweigs Sehn-

sucht und Ziel. So begann er seinen Weg als deutscher Idealist, preußischer Konservativer und jüdischer Traditionalist. Und brav zog er als Soldat in den Ersten Weltkrieg. Nur war ihm das Missgeschick widerfahren – und nicht zum letzten Mal in seinem Leben –, den Staat mit den Idealen zu verwechseln, die dieser zu vertreten vorgab.

Wie wenig der Untergang des Kaiserreichs seine Ideale verändern konnte, zeigt der Roman, dem er seinen Weltruhm verdankt: *Der Streit um den Sergeanten Grischa* (1927). Wie ist es um das Ethos eines Staates bestellt, fragt Zweig, in dem im Namen der Justiz Unrecht geschehen kann – und mag es sich nur um einen einzigen russischen Kriegsgefangenen handeln?

1933 war Zweig nach Palästina gegangen und erlebte dort nach dem Zusammenbruch der Weimarer Republik gleich die nächste Enttäuschung: Zu weit schien ihm das jüdische Provisorium von dem Staat entfernt, den er erhofft hatte und der wohl eine Art Preußen zwischen Mittelmeer und Jordan sein sollte.

Noch während des Krieges veröffentlichte Zweig den 1937 in Hamburg spielenden

Roman *Das Beil von Wandsbek*, in dem er die deutschen Verhältnisse nicht nur anklagend, sondern auch verständnisvoll darstellt. Der hier im Mittelpunkt stehende arme Fleischermeister ist Henker und Opfer zugleich. Im Exil entstanden auch zwei hochbeachtliche, zum *Grischa*-Zyklus gehörende Romane, *Erziehung vor Verdun* und *Einsetzung eines Königs*.

1948 verließ Zweig den soeben gegründeten Staat Israel und ließ sich in Ost-Berlin nieder. Die damals in der DDR verbreitete Version, seine Übersiedlung sei die logische Konsequenz seiner politischen Überzeugung, war nichts anderes als eine zu Propagandazwecken präparierte Legende.

Zweig, krank und fast erblindet, war müde und der Außenseiterposition überdrüssig geworden. Um zur Repräsentanz, die er immer schon ersehnt hatte, aufrücken zu können, ließ er sich in der DDR einreden, dass er dort eine Heimat gefunden habe und dass hier die Grundlagen eines gerechten Staates geschaffen würden. Er wurde mit Orden, Titeln und Ehrenämtern überhäuft. Aber natürlich konnte es ihm nicht verborgen bleiben, dass auch der Kommunismus nicht jenes Gelobte Land war, das er unentwegt gepriesen hatte.

Mascha Kaléko wäre 2007 hundert Jahre
alt geworden. Was ist das Besondere
an ihren Gedichten?

Mascha Kaléko wurde 1907 in Polen geboren, in der Nähe einer Stadt, von der, bevor
sie berühmt wurde, in Deutschland kaum
jemand gehört hatte: Auschwitz. Als der Erste
Weltkrieg ausbrach, floh sie mit ihren Eltern
nach Deutschland. Ihr Leben wurde von der
Heimatlosigkeit geprägt. Sie blieb überall
eine Fremde: In Deutschland eine polnische
Jüdin, in Israel eine deutsche Jüdin, in Amerika eine unbelehrbare Europäerin. Und in
Polen? Dort kennt man nicht einmal ihren
Namen.

Ihre Gedichte machen es den Kritikern
schwer und den Lesern immer leicht. Denn
sie dichtete ihr Leben, und sie lebte ihre
Dichtung. In ihren Versen fällt ein leiser
Widerspruch auf, der ihnen einen besonde-
ren Reiz verleiht. Ihre Heiterkeit ist munter,
aber elegisch, ihre Schwermut ganz leicht,
aber scherzhaft. Wie denn, scherzhafte Melan-
cholie? Ja, denn sie sieht die Welt mit einer
lachenden Träne im Auge (die Formulierung
stammt von Heinrich Heine).

Ihre frühesten Gedichte erscheinen Ende der zwanziger Jahre in den Berliner Zeitungen – und zwar gleich in den führenden. Sie hat sofort viele Leser und einige etwas ratlose Kritiker. Sie wissen nicht recht, wie man die Anfängerin einordnen soll. Zum Vergleich werden verschiedene Namen genannt: Morgenstern und Ringelnatz, vor allem aber Tucholsky und Kästner.

Die Ursache des verblüffenden Erfolgs dieser Lyrik ist ihre authentische Naivität. Die Kaléko schreibt, wie ihr der Schnabel gewachsen ist. Das ergab rasch und ohne Umstände eine neuartige Großstadtlyrik. Sie fixierte Berliner Lebensgefühl, gewürzt und veranschaulicht mit Beobachtungen des Alltags.

Ihre Gedichte sind Identifikationsangebote aus weiblicher Sicht. Dass sie so klar und einfach sind, das bewirkte ihre enorme Beliebtheit. Von der Kaléko konnten die Leser erfahren, wie es auf der anderen Seite, am anderen Ufer aussieht. Diese Gedichte wurden sofort vom Berliner Kabarett aufgegriffen, auch von den berühmtesten Diseusen. Alle literarischen Formen waren der Kaléko recht: Songs und Chansons, Balladen und Moritaten, Couplets und Parodien.

Die junge Kaléko wurde die einzige Frau unter den Autoren der Neuen Sachlichkeit. Ich bin gar nicht sicher, ob sie diesen vagen, wenig populären Begriff kannte. Aber was sie für die alltägliche Wirklichkeit hielt, sagte sie wiederholt in ihren Gedichten: »Zur Heimat erkor ich mir die Liebe.«

1938 emigrierte sie nach Amerika. Sie lebte dann in Israel, vorübergehend in Deutschland und schließlich in Zürich. 1975 starb die Dichterin, die man die Bänkelsängerin der Moderne nannte.

Welche Bedeutung messen Sie den ausführlichen Landschafts- und Naturbeschreibungen Theodor Fontanes und anderer großer Schriftsteller bei? Sind Natur und Umwelt überhaupt ernst zu nehmende Themen der Literatur?

In Theodor Fontanes Romanen gibt es interessante und wichtige Naturbeschreibungen, doch gehören sie, glaube ich, nicht zu den wichtigsten Elementen dieser Romane. Die Frage, ob es sich um ernst zu nehmende Themen der Literatur handelt, verblüfft mich. Hier meine Antwort: Ja, mit Sicherheit.

Allerdings gibt es ein Thema, das ungleich bedeutender ist als alle Darstellungen von Bergen und Tälern, von Blumen, Bäumen und Büschen, von Flüssen und Seen, als alle Landschafts- und Naturbeschreibungen. Dieses Thema, das seit Jahrtausenden im Mittelpunkt der Weltliteratur steht, ist der Mensch, das menschliche Elend und die menschlichen Gebrechen.

Übrigens sei noch rasch darauf hingewiesen, dass, wenn große Dichter von Blumen sprechen, sie beinahe immer anderes und ungleich mehr als Blumen meinen. Da beginnt

ein deutsches Gedicht: »Sah ein Knab' ein
Röslein stehn.« Ist das ein Naturgedicht, das
von einer Blume, jung und morgenschön, erzählt? Oder sind es vielleicht Verse über die
Vergewaltigung eines Mädchens?

Können Sie uns etwas über Anton Pawlowitsch Tschechow erzählen?

Anton Tschechow war kein Besessener wie Fjodor Dostojewski, kein Prediger wie Leo Tolstoi. Sein Leben, das 1860 begann und schon 1904 beendet war, mutet prosaisch an. Auch in seiner Jugend war er weder ein Ketzer noch ein Rebell, weder ein Stürmer noch ein Dränger. Um ein paar Rubel zu verdienen, arbeitete er als Neunzehnjähriger für eine Provinzzeitung: Von da an finanzierte er das Studium der Medizin als Witzblattlieferant. Seine Schreiberei nahm er nicht ernst, glaubte nicht an sein Talent.

Als typisches Kind seiner Zeit glaubte Tschechow, es seien die Naturwissenschaften, die den Fortschritt bewirken könnten. Daher blieb auch der längst anerkannte und gerühmte Schriftsteller seinem bürgerlichen Beruf treu: Er praktizierte weiterhin als Landarzt, wodurch er seine Gesundheit ruinierte. Kurz vor seinem Tod sagte er: »Alles, was ich geschrieben habe, wird in wenigen Jahren vergessen sein.« Inzwischen sind seine Bücher in rund achtzig Sprachen in einer Auflage von sechzig oder siebzig Millionen erschienen. Er ist nach Shakespeare der meistgespielte Dramatiker der Weltliteratur.

Im Mittelpunkt von Tschechows Theaterstücken und Novellen stehen durchschnittliche Individuen mit alltäglichen Sorgen. Und alle sind vom Leben enttäuscht, unglücklich und resigniert. Er war oft zu diskret, um die wahren Ursachen ihrer Tragödien in hellem Licht zu zeigen – er ließ sie nur ahnen, er deutete sie behutsam an. Was wichtig ist, steht bei Tschechow zwischen den Zeilen. Alles, was er geschrieben hat, umspielen Schatten tiefer Schwermut.

War Gogol in seinen besten Jahren ein Ankläger der Gesellschaft, so Tolstoi ihr Richter, sah Dostojewski in sich selbst den Angeklagten, so wollte Tschechow nur ein aufmerksamer und verständnisvoller Zeuge sein. Aus seinem Werk ergibt sich kein System, keine Philosophie. Er könne der Welt – meinte Tschechow – »nicht die Spur einer rettenden Wahrheit in die Hand geben«. Aber vielleicht sind seine Geschichten und Stücke so frisch geblieben, weil er nicht die Lösung der großen Probleme Russlands, nicht die Therapie der sozialen Zustände für seine schriftstellerische Aufgabe hielt, sondern die schlichte Fragestellung, die klare Diagnose.

Die Kürze, meinte er, sei die Schwester des Talents. Seine auf der ganzen Welt nachgeahmten und bis heute nicht übertroffenen Kurzgeschichten sind statische und vollendete Momentaufnahmen. Die Entwicklung eines Menschen zu zeichnen war allerdings seine Sache nicht, ein überzeugender Roman ist ihm nie gelungen.

Freimütig bekannte er: »Ich habe eine Abneigung gegen die Poesie.« Dennoch schrieb er die zartesten, die poetischsten Prosadramen der russischen Literatur. Es sind, so will es scheinen, antitheatralische Milieustudien. Einen Helden im Mittelpunkt gibt es bei Tschechow nicht, einen dramatischen Konflikt ebenfalls nicht – und es gibt in der Regel fast keine Handlung.

Nicht ihre Taten charakterisieren die Menschen, sondern ihre Untätigkeit. Sie reden miteinander, sie trinken Tee, sie lauschen dem Summen des Samowars, sie langweilen sich, und sie sind, versteht sich, sehr unglücklich. Wie paradox es auch klingen mag: Das Wichtigste in seinen Dialogen sind die Pausen, das Fundament seiner Stücke ist das Schweigen. Denn Tschechow zeigt den Menschen, der in seiner Qual verstummt. Einige Satzfetzen genügen ihm, um eine Intensität der lyrischen Stimmung zu zaubern, die das Theater vor ihm nicht kannte. Die Kunst, alles, was er wollte, mit wenigen Details und unaufdringlichen Streiflichtern zu zeigen, hat er vollendet beherrscht. Man hat ihn nicht sofort begriffen: Eines seiner besten Stücke, *Die Möwe*, wurde bei der Petersburger Uraufführung (1896) ausgepfiffen und erst zwei Jahre später stürmisch gefeiert.

Wären Tschechows Dramen nicht mehr als realistische Gesellschaftskritik, sie würden heute wohl nur noch die Fachleute interessieren. Doch diese Szenen aus dem Russland gegen Ende des neunzehnten Jahrhunderts wachsen immer wieder ins Zeitlose, sie werden zu Sinnbildern des menschlichen Daseins. In den *Drei Schwestern* sehen wir die russische Provinz des Elends und gleichzeitig das Elend der Provinz schlechthin: Denn in der Sehnsucht der Schwestern nach Moskau spiegelt sich nichts anderes als die Sehnsucht des Menschen nach einem besseren Leben.

Welche Bücher von Klaus Mann sind heute noch lesenswert?

Von seinen Romanen hat mich am meisten *Mephisto* interessiert. Das hat mit seinem Thema zu tun: Es ist ein böses, ein gehässiges, ein streckenweise auch sehr ungerechtes Buch über einen der größten Schauspieler, die ich in meinem Leben auf der Bühne gesehen habe – über Klaus Manns Schwager Gustaf Gründgens. Und zugleich ist es ein aufschlussreiches Buch über das Kulturleben in den letzten Jahren der Weimarer Republik und in den ersten Jahren des Dritten Reichs.

Doch interessanter als das künstlerische Werk Klaus Manns ist, glaube ich, sein ungewöhnliches Leben. Deshalb ist sein vielleicht wichtigstes Buch die Autobiographie: *Der Wendepunkt*. Was war denn an diesem Leben so interessant, ja faszinierend? In meinem Essay über Klaus Mann (*Schwerpunkt und Schminke*) in dem Buch *Thomas Mann und die Seinen* schrieb ich: »Er war homosexuell. Er war süchtig. Er war der Sohn Thomas Manns. Also war er dreifach geschlagen. Woran hat er am meisten gelitten? Eine solche Frage kann man nie schlüssig beantworten; aber sie lässt sich hier auch nicht umgehen. Denn sie ist es wahrscheinlich, die in das Zentrum dieser glanzvollen und traurigen, dieser dreifach glücklichen und erst recht dreifach elenden Existenz trifft.

Leid und Glück waren im Leben Klaus Manns untrennbar miteinander verquickt. Noch in seinen trostlosesten Monaten und Wochen schrieb er Briefe voll Frohsinn und Glückseligkeit. Und noch in seinen beschwingten und jubelnden Briefen bilden drohende Akkorde ein düsteres, ein acherontisches Ostinato. Ein Sonntagskind war er. Aber das unglücklichste, das man sich denken kann. Er liebte das Dasein, fieberhaft wollte er es genießen. Und doch war er von Anfang an ein Selbstmordkandidat. Kein Weltkind war je vom Tode stärker fasziniert als er.«

Kürzlich haben Sie sich über Friedrich Dürrenmatt geäußert. Es fällt mir aber auf, dass in Ihrer vorzüglichen Antwort ein Name unerwähnt bleibt: Bertolt Brecht. Darf ich Sie um eine Ergänzung bitten?

Friedrich Dürrenmatt passte in keinen Rahmen, jedenfalls nicht in einen deutschen. Bertolt Brecht war für die literarische Öffentlichkeit in diesem Lande ungleich leichter hinzunehmen und zu deuten als Friedrich Dürrenmatt. Denn der an die Erziehbarkeit des Menschen glaubende und die Veränderbarkeit der Verhältnisse verkündende Poet, der in seinen späten Jahren in Ost-Berlin lebte, ließ sich ohne größere Schwierigkeiten in der vertrauten Tradition unterbringen, also in der Nachfolge von Lessing, von Goethe und Schiller, Grillparzer und Hebbel.

In ihm, dem Dichter mit der Schiebermütze, sah man einen, der es auch in unserer Zeit fertiggebracht hatte, aus der Schaubühne eine moralische Anstalt zu machen und obendrein eine mit Gesang, Musik und Humor. Nur war er – so meinten viele – bedauerlicherweise auf die falsche (politische) Seite geraten.

Brecht glaubte an den Klassenkampf, an die Revolution. Jedenfalls behauptete er dies. Dürrenmatt hielt die Bekenntnisse der Revolutionäre für »außer Kurs gesetzt«, sie seien höchstens für die Menge brauchbar – als Schlagworte. Er glaubte an nichts. Zumindest gab er es vor. Brecht offerierte Lösungen. Dürrenmatt machte die Lächerlichkeit aller Lösungen deutlich. Beide wollten sie – in dieser Hinsicht waren sie sich immer einig – ihr Publikum um beinahe jeden Preis amüsieren.

Brecht garnierte seine Stücke mit frommen Sprüchen, Dürrenmatt mit bitteren Sarkasmen und beide oft mit nicht gerade anspruchsvollen Gags. Brecht kam mit dem Gesangbuch daher, mit dem revolutionären, versteht sich; er trug es stets griffbereit in der Tasche. In Dürrenmatts Tasche war Platz vor allem für Sprengstoff. Brecht wollte heilen, Dürrenmatt wollte verletzen.

Brecht verkündete Ideen. Und Dürrenmatt? Sein Angebot war verschwenderisch, alles konnte man bei ihm finden: Motive und Modelle, Gestalten und Geschichten, Hohn und Hass, Ulk und Unsinn, Witz und Weisheit – nur keine Ideen. Seine Stücke befassen sich nicht mit dem Glauben, aber immerhin behandeln sie – und das mag mit dem verborgenen religiösen Ursprung zusammenhängen – das »Nichtglaubenkönnen«. Und beide haben unterhaltsame, verfremdende und herausfordernde Gegenentwürfe geliefert, die als Antworten auf unsere Welt unmissverständlich sind.

Aber trotz des Altersunterschieds von nicht mehr als dreiundzwanzig Jahren sind es Dichter überhaupt nicht miteinander vergleichbarer Epochen. Brechts Werk ist ohne die Literatur, das Theater, das geistige Klima der Weimarer Republik schlechthin undenkbar. Und Dürrenmatts Werk ist, obwohl nach dem Zweiten Weltkrieg entstanden und mit der Dichtung der zwanziger Jahre an sich weder verwandt noch verschwägert, unvorstellbar ohne Bertolt Brecht.

Während jedoch Brechts Stücke – ebenso die aus der Weimarer Republik wie jene, die er im Exil geschrieben hat – schon in den fünfziger oder sechziger Jahren nicht mehr unmittelbar unsere Verhältnisse betrafen und also historisch gesehen werden konnten und mussten, was die Rezeption natürlich erleichtert hat, zielten die Hauptwerke Dürrenmatts mitten auf unsere Existenz.

Brecht profitierte davon, dass man in Deutschland gern jenen folgt, die eine Fahne tragen und tröstend auf eine utopische Zukunft verweisen. Dürrenmatt hingegen, der mit keiner Fahne dienen konnte und in dessen Hand sich auch kein Kreuz entdecken ließ, er, der von vornherein erklärte, dass jede Utopie sich als eine Fata Morgana erweisen müsse, lag quer und saß zwischen allen Stühlen.

Nichts gegen Brecht: Er war – das ist wahrlich eine Banalität – ein Jahrhundertgenie. Wir haben allen Anlass, uns vor ihm tief zu verneigen, wie vor Franz Kafka oder Thomas Mann. Doch erlauben wir uns leise zu sagen, dass eine Antwort auf die Welt nach 1945 in seinen Schriften nicht mehr zu finden ist, eher schon in den Hauptwerken des Nachgeborenen, also Friedrich Dürrenmatts.

Wie groß war der Einfluss der Gruppe 47 auf die Geschichte der deutschen Nachkriegsliteratur? Warum wird Hans Werner Richter heute nicht mehr gelesen? Ich glaube, dass der Einfluss der Gruppe 47 auf die Literatur überhaupt nicht vorhanden oder gering war.

Das ambulante »Romanische Café«, das sich Gruppe 47 nannte und zwanzig Jahre lang existierte und auch etwas länger (von 1947 bis 1967 beziehungsweise 1977), wurde von einem der Mitbegründer, Hans Werner Richter, geleitet. Alle Autoren, die sich zwei- oder später einmal jährlich trafen und sich gegenseitig ihre Manuskripte vorlasen, folgten seinen Weisungen.

Worauf beruhte seine Autorität? Er stammte aus Pommern, er war der Sohn einfacher Leute, die sich um seine Erziehung offensichtlich kaum gekümmert hatten. Seine Bildung, auch die literarische, war und blieb dürftig. Er hat sich nie als Künstler verstanden, die Politik interessierte ihn mehr als die Literatur, er war eher ein Journalist als ein Schriftsteller. Seine Romane, heute längst vergessen, sind allesamt schwach. Von moderner Literatur hatte er keine Ahnung. Aber er war klug genug, sich gute Ratgeber zu holen und ihren Empfehlungen und Warnungen beinahe immer zu folgen. Zur Gruppe 47 kamen die besten jüngeren Schriftsteller, die geistreichsten Kritiker.

Gerade weil Richter keine Ambitionen als Künstler hatte, weil er als Romancier immer erfolglos blieb, hatte er Zeit und Lust, diese Gruppe 47 zu organisieren, zu lenken und lange Jahre am Leben zu halten. Seine Bedeutung in der Öffentlichkeit verdankte er also nicht seinen Büchern und seinen immer seltener werdenden Zeitungsartikeln, sondern ausschließlich der Existenz der Gruppe 47.

Mit Richters Mentalität hatte es auch zu tun, dass es eine Literatur der Gruppe 47 nicht gibt und nie gegeben hat. Schuld an den vielen Missverständnissen, die die Gruppe 47 ausgelöst hat, ist das schlichte Wort »Gruppe«. Denn es suggeriert eine literarische Richtung, eine Schule. Davon konnte nie die Rede sein. Die Gruppe 47 war kein Phänomen der Literatur, vielmehr ein (in ihrer Zeit überaus wichtiges) Phänomen des literarischen Lebens in Westdeutschland nach dem Zweiten Weltkrieg. Sie war nicht mehr und nicht weniger als ein Sammelbecken, als ein drei Tage im

Jahr funktionierendes Zentrum der deutschsprachigen Literatur. Sie war eine dringend benötigte Probebühne und eine alljährliche Modenschau.

Das Ritual der Tagungen war ungewöhnlich. Die Anwesenden konnten nicht einmal einen Blick auf das zu beurteilende Manuskript werfen. Man musste sich über eine literarische Arbeit äußern, die man nur gehört hatte. Dieses Ritual war notwendig, um derartige Schriftstellertreffen überhaupt zu ermöglichen.

Die Gruppe 47 haben wir Hans Werner Richter zu verdanken. Er ist 1993 in München gestorben. Solange man sich für die deutsche Literatur zwischen 1945 und 1970 interessieren wird, so lange sollte man auch seiner dankbar gedenken.

Ist Robert Gernhardt einer der größten deutschen Lyriker?

Solche Superlativfragen sind sehr beliebt, doch in den meisten Fällen ergeben sie so gut wie nichts. Wer ist der wichtigste, der originellste Komponist der Welt? In meiner Jugend wurde Beethoven vorgeschlagen, heute eher Mozart – und gestern wie heute Bach. Wenn in einer Gesellschaft jemand lauthals erklärt, Shakespeare sei der bedeutendste Dramatiker aller Zeiten, meldet sich ein anderer mit einem leisen Widerspruch: Man solle doch bedenken, was Sophokles an Bühnenwerken vorgefunden hat, als er für das Theater zu schreiben begann. Dann werde man vielleicht Sophokles für den besten Stückeschreiber halten. Das kann ja sein. Nur interessieren mich derartige Befunde überhaupt nicht.

Aber da liegt die Frage nach Robert Gernhardt. Ist er nun einer der größten deutschen Lyriker? Nein, es wäre natürlich unsinnig, ihn zusammen mit Goethe, Hölderlin oder Heine zu nennen, mit Eichendorff, Brentano und Mörike. Das meint der Fragende auch nicht. Geht es ihm um das zwanzigste Jahrhundert? Da kommt wohl für den Platz eins vor allem

Bertolt Brecht in Betracht. Doch sollte man nicht übersehen, dass manche Literaturkenner hier eher Gottfried Benn ins Gespräch bringen würden.

Nach 1956 (in diesem Jahr starben Benn und Brecht) wird das Feld weniger übersichtlich. Man könnte an einige Namen erinnern: Peter Huchel, Günter Eich, Paul Celan, Ernst Jandl, Ingeborg Bachmann, die alle nicht mehr leben, und noch einige andere. Und Robert Gernhardt?

1937 geboren, musste er auf den ihm zustehenden Erfolg lange warten. Erst auf dem letzten Abschnitt seines Lebens (er starb im Jahre 2006) wurde er anerkannt: als Satiriker und Humorist, als Poet und Zeichner. Doch nahm man ihm das Leichte übel, seinen Witz, seine Originalität, seinen Humor. Er wurde so unterschätzt wie sein Vorgänger Erich Kästner. Er wurde bewundert und nie ganz ernst genommen.

Neulich hat in Frankfurt eine Lesung seiner Gedichte und Prosastücke stattgefunden. Der große Saal war überfüllt. Zu seinen Lebzeiten waren seine Veranstaltungen nie besonders erfolgreich. Man war sich dessen nicht bewusst, dass er schon damals zu den besten Satirikern unserer Gegenwartsliteratur gehörte.

Man ehrt einen Dichter, indem man seine Verse zitiert. Eines der schönsten (doch noch ein Superlativ) Gedichte von Robert Gernhardt lautet:

Kommst du mit rein?
Aufn Schluck Wein.

Setzt du dich hin?
Aufn Schluck Gin.

Bleibst du noch hier?
Aufn Schluck Bier.

Gehn wir zur Ruh?
Aufn Schluck Du.

Wo verläuft die Trennlinie zwischen Trivial- und »großer« Literatur? Gibt es ein zuverlässiges Indiz? Wer entscheidet das eigentlich?

Ein zuverlässiges Indiz, das uns erlaubt, die Trennlinie, von der Sie sprechen, zu erkennen, gibt es sehr wohl: Es ist die Sprache. Nichts unterscheidet den in Süddeutschland und Österreich, glaube ich, doch wohl unterschätzten Novellisten Theodor Storm von den Trivialautoren gegen Ende des neunzehnten Jahrhunderts so eindeutig wie eben der Stil. Über die Zugehörigkeit bestimmter Autoren oder Werke entscheiden diejenigen, die sich öffentlich über Literatur äußern: die Kritiker, die Literaturwissenschaftler, die Literaturhistoriker, die Redakteure.

Schätzen Sie das Werk Max Brods? Und welcher ist sein bester Roman?

Max Brod, der 1884 in Prag geboren wurde und 1968 in Tel Aviv gestorben ist, gehört zu jenen Schriftstellern der Vergangenheit, die berühmt sind – und dies zu Recht –, obwohl sie heute nur wenig (wenn überhaupt) gelesen werden. Sein erfolgreichstes Buch ist der Roman *Tycho Brahes Weg zu Gott* aus dem Jahre 1915. Anerkennung fand auch sein Roman *Rëubeni, Fürst der Juden* von 1925.

Mittlerweile jedoch sind die Bücher Brods – er hat viele Romane, Novellenbände und Essays geschrieben – nicht nur verblasst, sondern wohl auch vergessen. Vielleicht hat das damit zu tun, dass es das europäische (zum großen Teil jüdische) Publikum, das an der in seinen Romanen und Novellen behandelten philosophischen und religiösen Thematik interessiert war, nicht mehr gibt.

Doch nach wie vor steht Brod in hohem Ansehen, aber er verdankt es nicht dem, wie man zu sagen pflegt, breiten Publikum, sondern der Fachwelt – sowohl im Bereich der Literatur als auch der Musik. Er war ein unvergleichlicher Förderer neuer Talente – so verdankte Franz Werfel das große Echo, das er schon vor dem Ersten Weltkrieg fand, vor allem Brod. Jaroslav Hašeks humoristischen Roman *Die Abenteuer des braven Soldaten Schwejk* hat er übersetzt und dramatisiert und ihm zu Weltruhm verholfen. Auch der Weg des lange unterschätzten Komponisten Leoš Janáček (*Jenůfa, Das schlaue Füchslein*) zur internationalen Anerkennung ist ohne Brod schwer vorstellbar.

Die weitaus größte, die literaturhistorische Leistung Brods ist seine lebenslängliche Förderung Franz Kafkas. Er hat ihn 1902 kennengelernt und sofort sein außerordentliches literarisches Talent erkannt, er hat ihn bis zu dessen Tod im Jahre 1924 unermüdlich beraten und betreut, unterstützt und immer wieder gefördert. Niemand stand Kafka so nahe wie Brod. Er war sein Freund und Interpret und nach Kafkas Tod sein erster Biograph. Die Rolle, die er in Kafkas Leben und Werk gespielt hat, lässt sich nicht überschätzen.

Wenn Kafka heute als einer der größten Schriftsteller des zwanzigsten Jahrhunderts gilt, so hat hierzu Max Brod in hohem Maße beigetragen. Als Kafka beschlossen hatte, man möge nach seinem Tod alle seine Manuskripte

verbrennen, bat er Brod um diesen Freund-
schaftsdienst. Brod indes hat Kafkas Nachlass
glücklicherweise keineswegs vernichtet, wohl
aber sorgfältig, ja, pietätvoll ediert.

Dies ist wahrlich ein in der Geschichte der
Weltliteratur einzigartiger Fall: Der geniale
Kafka stand während seines ganzen Lebens im
Schatten des damals sehr populären Autors
Brod. Später war es umgekehrt: Kafka, der
in den späten zwanziger und frühen dreißi-
ger Jahren in Deutschland ein nur minimales
Publikum hatte, fand jetzt rasch eine äußerst
starke, gleichsam lawinenhafte Resonanz im
Ausland, zumal in Frankreich, England, Italien
und in den Vereinigten Staaten, dann, also
nach 1945, auch in Deutschland.

Mit dem Ruhm Kafkas wuchs die Rolle
Brods in der literarischen Welt: Wo von Kafka
die Rede war, berief man sich sofort (und zu
Recht) auf Brod, auf seine Briefe und Tagebücher, auf seine Arbeiten über Kafka. Jetzt
verdankt Brod seinen internationalen Ruhm
nur ihm, seinem Freund und Schützling Franz
Kafka. Solange man Kafka lesen wird, wird
man auch Brods dankbar gedenken.

Halten Sie die Liederzyklen *Die schöne Müllerin* und *Winterreise* für bedeutende deutsche Lyrik, oder gewinnen sie ihre Bedeutung allein durch die Vertonung Franz Schuberts?

Wilhelm Müller ist ein wunderbarer romantischer Lyriker, auf dessen außerordentliche Bedeutung schon Heinrich Heine nachdrücklich hingewiesen hat. Im neunzehnten Jahrhundert, zumal in dessen zweiter Hälfte, wurde Müller meist unterschätzt und stand oft im Schatten Schuberts. Inzwischen gibt es keine deutsche Anthologie, in der seine elegischen und melancholischen Gedichte fehlen würden.

Kann man die Schriftsteller Christoph
Ransmayr und Peter Handke miteinander
vergleichen? Wer steht Ihnen näher?

Natürlich kann man alle Schriftsteller miteinander vergleichen, zumal wenn sie unge-
fähr gleich alt sind. Man sollte aber der Frage
nicht ausweichen, ob die jeweiligen Vergleiche
denn eigentlich zu irgendwelchen Einsichten
führen – mögen sie auch minimal sein. Peter Handke wurde 1942 in Kärnten geboren,
Christoph Ransmayr 1954 in Oberösterreich.
Seinen literarischen Weg begann Handke
recht effektvoll als »enfant terrible« in der
Gruppe 47. Man ließ ihn ausreden, immerhin.
Ich kann es bestätigen, ich war bei dem lite-
raturhistorischen Ereignis dabei.

Provokationen fallen bei dem radikalen, oft
aggressiven Nonkonformisten bis heute auf –
trotz des mittlerweile fortgeschrittenen Alters.
Nach anfänglicher Ablehnung des politischen
Engagements der Literatur bemühte er sich,
zumal in Theaterstücken, den Zusammenhang
von Gesellschaft und Sprache aufzudecken.
Die erzählenden Schriften Handkes, die sein
Gespür für charakteristische Zeitstimmungen
mit stilistischer Reizbarkeit verbinden, sind

Selbstfindungsgeschichten. Auch seine Journale bieten vor allem die Selbstanalyse – einschließlich der Hinwendung zum Glauben und, in einer späteren Phase, zur politischen Aktivität.

In Gero von Wilperts *Lexikon der Weltliteratur* heißt es, Handke habe in den Balkankriegen 1995 bis 1999 »durch einseitig-schönfärberische Propaganda für Serbien seine Glaubwürdigkeit und sprachliche Sensibilität« eingebüßt. Dem Leser wird nicht entgangen sein, dass ich hier um eine sachliche Zusammenfassung meiner Gedanken über Handke bemüht bin. Denn ich möchte auf keinen Fall den Verdacht entstehen lassen, dass ich etwa auf seine Äußerungen über mich reagierte.

Christoph Ransmayr ist ein origineller Erzähler. Dank Scharfsinn, dank ungewöhnlicher Phantasie und viel Humor vermag er historische Fakten und Dokumente auf überzeugende, ja, virtuose Weise mit Fiktivem zu verbinden. Sein Talent hat mich am stärksten in dem geradezu spannenden Roman *Die letzte Welt* beeindruckt, erschienen 1988. Im Mittelpunkt dieses Buches steht der große römische Dichter Publius Ovidius Naso. Seine Lebensgeschichte verknüpft

Ransmayr mit Ovids berühmtem Hauptwerk, der großen erzählenden Dichtung *Metamorphosen*. Schon diese Verknüpfung der beiden Handlungsfäden macht die Lektüre zu einem außerordentlichen Vergnügen. Bietet er eine Auseinandersetzung mit der antiken Welt? Ja, das auch, doch vor allem eine witzige und höchst intelligente Auseinandersetzung mit unserer Zeit. Ransmayrs Talent bewährt sich aber auch in Prosastücken, die pfiffig und anmutig zwischen Erzählung und Reportage schwanken.

Nun war Handke von Anfang an eine Figur nicht nur des literarischen Lebens, sondern auch des Showbusiness. Stärker als seine schriftstellerische Leistung wirkte sein Image. Die Faszination, die er ausübte, ähnelte jener, die von Schlagersängern und manchen Filmschauspielern ausgeht. Sie war in erster Linie das Resultat einer permanenten Selbstpräsentation. Mit alldem hat Christoph Ransmayr nichts gemein. Ist es noch nötig, die Frage zu beantworten, wer mir von diesen beiden Autoren, Handke und Ransmayr, nähersteht? Jedenfalls ist es gut, dass wir in der zeitgenössischen Literatur zwei solche (sehr unterschiedliche) Figuren haben.

Welche literarische Bedeutung haben die Werke von Alexander Puschkin?

Ich habe unlängst einige gebildete Freunde (darunter war freilich kein Slawist) gefragt, wer denn der bedeutendste russische Schriftsteller sei. Sie nannten allesamt Leo Tolstoi oder Fjodor Michailowitsch Dostojewski oder auch beide zusammen. Ich habe dieselbe Frage auch einigen Russen gestellt, die ihre Literatur gut kennen. Jeder antwortete sofort: Alexander Puschkin. Was steckt dahinter?

Die Sache ist sehr einfach: Tolstoi und Dostojewski verdanken ihren Erfolg in Russland und in der ganzen zivilisierten Welt Romanen und Erzählungen, jedenfalls Prosawerken. Man kann sie in alle Sprachen übersetzen, was tatsächlich auch geschehen ist. Natürlich sind die Übersetzungen von unterschiedlicher Qualität. Doch selbst die schwachen lassen in der Regel die Genialität der Originale erkennen. Für die Lyrik gilt das leider nicht.

Mit anderen Worten: Von rühmlichen Ausnahmen abgesehen, sind die guten Übersetzer der Poesie wohl imstande, inhaltliche und formale Eigentümlichkeiten eines Gedichts wiederzugeben, nicht aber – um es mit einem

Wort auszudrücken – dessen Charme. Die berühmtesten Dichter Polens (Adam Mickiewicz und Juliusz Słowacki) kennt man hierzulande nicht, obwohl auch wir sehr gute Übersetzungen (etwa die von Karl Dedecius) haben. Das trifft in umgekehrter Richtung ebenfalls zu: Dass es in Deutschland einen großen Dichter namens Friedrich Hölderlin gab, wissen in Polen nur die Germanisten.

Über die Hälfte des Werks von Puschkin machen seine Versdichtungen aus, die Lyrik bildet unzweifelhaft den Schwerpunkt seines ganzen Werks. Was immer er schrieb – Romane, Erzählungen, Dramen, Märchen –, er schrieb es in Versen. Deren Bedeutung für die russische Sprache und Literatur sei, meinen übereinstimmend alle, die etwas davon verstehen, nicht zu überschätzen. Denn er sei der eigentliche Schöpfer sowohl dieser Sprache als auch dieser Literatur.

Im Westen sind die Versdichtungen Puschkins nicht unbekannt, denn sie liegen den wichtigsten russischen Opern zugrunde. Die Oper *Ruslan und Ljudmila* von Michail Iwanowitsch Glinka folgt der Märchenerzählung von Puschkin, das Libretto zum *Boris Godunow* hat der Komponist Modest Petrowitsch

Mussorgski nach einer Tragödie von Puschkin geschrieben. Die beiden berühmtesten Opern von Pjotr Iljitsch Tschaikowski gehen auf Puschkin zurück: auf die Erzählung *Pique Dame* und auf den Versroman *Eugen Onegin*.

Kurz und gut: Ohne Kenntnis der russischen Sprache kann man Puschkins Größe überhaupt nicht beurteilen. Haben wir mit anderen Literaturen diesen Kummer nicht? O doch, auch bei den Franzosen ist es etwas ähnlich: Die Welt kennt die Romane von Stendhal, Honoré de Balzac und Gustave Flaubert, aber in viel geringerem Maße die Werke der Poeten Jean Racine und Pierre Corneille. Freilich ist die Zahl der deutschen Leser, die des Französischen mächtig sind, ungleich größer als jener, die mit dem Russischen zurande kommen.

Was soll man nun in dieser Situation mit Puschkin machen? Man muss nicht ganz auf ihn verzichten. Man kann sich mit seinen letztlich doch weniger bedeutenden Prosawerken begnügen, etwa mit dem späten historischen Roman *Die Hauptmannstochter* oder auch mit der Erzählung *Der Postmeister*, die beide auf die russische Literatur des neunzehnten Jahrhunderts einen starken Einfluss hatten.

Wie wichtig ist die Biographie eines
Schriftstellers für das Verständnis seines
Werks? Wie wichtig ist diese Kenntnis für
den Kritiker? Und warum lesen die Menschen so gern Tagebücher von Dichtern?

Alle ernsten Schriftsteller, vor allem die Romanciers, profitieren von ihrer Biographie. Wer
sich gründlich mit einem Roman beschäftigt,
wird die Biographie des Autors nicht aussparen.
Die Kenntnis des Umfelds eines Schriftstellers und seines Lebenslaufs ist beinahe immer
nützlich, allerdings nicht unbedingt notwendig.
Schließlich muss jeder Leser selbst entscheiden,
womit er seine Lektüre ergänzt. Auch ein Lexikon ist in vielen Fällen keineswegs überflüssig.

Dass viele Menschen gern die Tagebücher
eines Dichters lesen, hat einen einfachen
Grund: Sie bieten über den Autor und seine
Welt sehr viel, was sich in seinen Romanen
oder Erzählungen eben nicht finden lässt. Viele Leser können sich von den Tagebüchern
Thomas Manns nicht losreißen. Thomas Mann
habe auch sehr viel Belangloses notiert? Das
stimmt schon. Aber viele seiner Leser – auch
ich – nehmen das in Kauf und sind ihm für
seine Tagebücher sehr dankbar.

Welchen Stellenwert weisen Sie dem
literarischen Werk von Stefan Zweig zu,
zumal seinen erzählerischen Arbeiten?

Offensichtlich interessieren Stefan Zweigs er-
folgreiche Novellen unsere Leser am meisten.
Daher werde ich vor allem auf sie eingehen:

Der Held der meisten Novellen Zweigs ist
ein Mensch, dessen Psyche ganz normal zu
sein scheint. Doch irgendein Ereignis – häufig
ist es eine unerwartete Begegnung – macht
einen bisher verborgenen Komplex dieses
Menschen sichtbar, einen Komplex, dessen
Entladung die seelische Deformation dieses
Helden zum Vorschein kommen lässt.

In vielen Novellen Zweigs handelt es sich
eindeutig um einen erotischen Komplex – so
im *Amokläufer*, der Geschichte eines Arztes,
der nach einer Unterschlagung nach Indochi-
na flieht, wo er in den Bann einer hochmüti-
gen Frau gerät. Diesen Arzt lässt Zweig sagen:
»Rätselhafte psychologische Dinge haben über
mich eine geradezu beunruhigende Macht, es
reizt mich bis ins Blut, Zusammenhänge auf-
zuspüren, und sonderbare Menschen können
mich durch ihre bloße Gegenwart zu einer
Leidenschaft des Erkennenwollens entzünden,

die nicht viel geringer ist als jene des Be-
sitzenwollens bei einer Frau.« Das sagt eine
Figur, gewiss, aber es kann keinen Zweifel
geben, dass wir es mit einer Selbstcharakte-
risierung Zweigs zu tun haben.

In der Novelle *Vierundzwanzig Stunden aus
dem Leben einer Frau* wird der erotische Wahn
am Beispiel einer vornehmen Dame gezeigt,
die auch eine vorbildliche Mutter ist. Im *Brief
einer Unbekannten* ist es die Geschichte einer
Frau, die seit ihrer frühesten Jugend einen
Nachbarn, einen bekannten Schriftsteller, liebt.
Diese Liebe führt zu einem pathologischen
Zustand und schließlich zum Selbstmord.

Neben den erotischen Motiven spielt in
Zweigs Werk der Minderwertigkeitskomplex
eine große Rolle – etwa in solchen Novellen wie *Leporella* und *Untergang eines Herzens*.
Besonderes Interesse Zweigs gilt einseitigen
Menschen, oft von intensiver Begabung (*Die
unsichtbare Sammlung*, *Schachnovelle*). Immer
bieten Zweigs Novellen vor allem ein Porträt
der zentralen Figur. Die psychologische Ana-
lyse ist Ziel und Zweck jeder dieser Erzählungen. Viele sind freilich am Ende zumindest
etwas enttäuschend. Nach der Lektüre selbst
der glänzend geschriebenen *Schachnovelle*

drängt sich die einfache Frage auf: »Na und?«
Die unzweifelhaft spannende Novelle gibt
keinen Anlass zu tieferen Überlegungen. Anders konnte es nicht sein, denn Zweig war ein
Leben lang unter dem Einfluss einer riskan-
ten Illusion: Die Porträts insgesamt ergeben,
meinte er, ein Bild der Welt, eine treffende
Abbreviatur. Das ist ein Missverständnis, das
seinen Novellen zugrunde liegt. Denn es gibt
keine Erlösung durch die Psychologie.

In vielen Arbeiten Zweigs ist seine glänzende Beherrschung des literarischen Hand-
werks unverkennbar. Über seine Sprache kann
man viel Gutes sagen, doch lässt sich nicht
verschweigen, dass sein Deutsch etwas redselig
ist und gelegentlich beinahe geschwätzig. Allzu deutlich ist das Bemühen des Autors um
eine möglichst gefällige Prosa.

In seinen frühen Erzählungen störe ihn,
bemerkte einmal Stefan Zweig, der Duft des
parfümierten Papiers. Mit der Zeit wurde
dieser Duft diskreter und subtiler, er lässt an
edelstes Parfum denken, aber doch immer an
Parfum.

Editorische Notiz

Der vorliegende Band versammelt Fragen und Antworten aus der erfolgreichen Kolumne »Fragen Sie Marcel Reich-Ranicki«, die seit 2003 in der *Frankfurter Allgemeinen Sonntagszeitung* erscheint.

Für diese Buchausgabe wurden die Fragen thematisch geordnet; sie folgen also nicht der Chronologie der Rubrik. Die Namen der Fragenden sowie das Erscheinungsdatum der Fragen werden nicht genannt.

Die Auswahl erstreckt sich über dreieinhalb Jahre, von Januar 2006 bis Juni 2009.

Autorenregister

Werkregister

FSC
Mix
Produktgruppe aus vorbildlich
bewirtschafteten Wäldern und
anderen kontrollierten Herkünften
Zert.-Nr. GFA-COC-001262
www.fsc.org
© 1996 Forest Stewardship Council

Verlagsgruppe Random House FSC-DEU-0100
Das für dieses Buch verwendete
FSC-zertifizierte Papier *EOS*
liefert Salzer, St. Pölten.

1. Auflage
Copyright © der Ausgabe
2009 by Deutsche Verlags-Anstalt, München,
in der Verlagsgruppe Random House GmbH
Alle Rechte vorbehalten
Illustrationen: Jonathan Wolstenholme
© Portal Gallery Ltd / The Bridgeman Art Library
Gestaltung und Satz: DVA/Brigitte Müller
Gesetzt aus der Bembo
Druck und Bindung: Friedrich Pustet, Regensburg
Printed in Germany
ISBN 978-3-421-04437-2

www.dva.de